图解服务的细节
133

続・患者トラブルを解決する「技術」

新医患纠纷
解决术

［日］尾内康彦 著

王蕾 译

人民东方出版传媒
People's Oriental Publishing & Media
东方出版社
The Oriental Press

前　言

　　随着医患纠纷数量的持续增加，其处理难度和复杂程度也在日益加剧。过去，医患纠纷的数量并不多，处理纠纷时即使没有深入医疗内部，凭借在接待患者的培训中学到的知识，也能在很大程度上解决问题。

　　然而，近年来，患者的就医心态发生了很大的变化。如果没有充分考虑到这一点，恐怕很难顺利化解纠纷。从我接到的咨询案例来看，产生纠纷的矛盾点也比过去更复杂、更棘手，必须格外小心应对。

　　尽管医患纠纷的处理难度正在不断攀升，但遗憾的是，医务工作者处理纠纷的能力似乎并没有太大的提升。毋宁说，不少医务工作者对于医患纠纷的认识原本就很浅薄。

　　而其中的典型代表便是，至今仍有不少医务工作者抱着"直面医患纠纷，站在对方的立场上，倾听对方的诉求，竭尽全力去处理"的想法，相信只要积极应对就能解决纠纷。

　　当然，部分医患纠纷确实可以通过这种方式来解决。但是，倘若引发纠纷的患者带有相当程度的恶意，这种应对方式只怕适得其反。

原因在于这种方式容易产生"对患者言听计从"的倾向，如若总是被患者的无理要求牵着鼻子走，不仅无法化解纠纷，反而有可能导致问题严重化、长期化，甚至对医疗机构的诊疗和运营造成不良影响。

在我所受理的纠纷案例中，因采取"对患者言听计从"的应对方式而导致纠纷升级，不得已前来咨询的例子也越来越多。这每每让我不禁发出"要是早点找我商量的话，解决起来就简单多了"的感慨，不过医者仁心，医生难免会考虑到对方是身患疾病的弱势群体，即使患者提出的要求不合理，也希望能够尽量满足对方的意愿。

在我看来，大多数怪物患者（Monster Patient）都是在利用医务人员的好意找麻烦，正因为如此，这类患者的所作所为才更加令人气愤。这也是我利用本职工作外的闲暇时间，每年志愿受理数百起医患纠纷咨询的原因所在。

在此我简单地介绍一下自己。我是大阪府医保医师协会的一名职员。医保医师协会是一家由诊所和医院参与组建的运营团体。我主要负责为医疗机构的开业、接管、停业等提供协助和服务。20多年来，在本职工作之余，我一直坚持为加入协

前言

会的诊所或医院院长、事务长等提供各类咨询服务。

在大多数情况下，我采用的方式是通过电话提供咨询，自己只作为参谋提出建议，实际行动则交由委托咨询的医生、事务长等医务工作者负责。正因为采取了这种模式，我所经历的医患纠纷调停案例才能真正为医疗相关人员提供参考。

自 2005 年起，我有幸在医疗经营杂志《日经医疗保健》上开始连载"医院医患纠纷 110 日记"，并且，获得了"难波地区的医患纠纷调解专家"的称号。我在医疗界逐渐也算小有名气，每年还会开展数十次医院医患纠纷相关讲座。

2014 年东方出版社出版了我的《服务的细节 021：医患纠纷解决术》。本书正如标题所示，是上一部作品的续篇。上一部作品相当于应对医患纠纷的基础篇，本书的定位则是应用篇。当然，经过精心的设计编排，本书在内容方面也涵盖了基础部分，单独阅读本书也无妨。

和上部作品一样，本书也收录了大量我所参与的医患纠纷调解的真实案例。无论面对何种交涉，解决问题的关键在于现场经验。希望本书列举的实例能为广大读者提供实战模拟经验。

围绕这些实例，针对自己最初的印象是什么，试图获取怎样的背景信息，如何展开分析，怎样构建解决方案等问题，我

3

尝试在脑海中进行全面清晰的梳理。不仅仅是描述现场情况，更重要的是结合SBAR沟通模式进行阐述，这种模式的应用目前正在向医疗现场渗透。

通过实例，让读者切实感受到面对医患纠纷，如何一步步做到把握纠纷的现状（Situation），整理有效信息（Background），展开分析评估（Assessment），从而思考解决方案（Recommendation）。

顺便一提，据说SBAR原本是由美国海军开发并应用于潜艇作业的沟通模式。报告者在向上级汇报时，不仅要说明情况，还要告知周边的信息，并对其进行分析，传达自己就如何行动所做出的判断，从而提高部队整体的决策速度。

本书共列举了42个纠纷调解实例。针对每个案例，均采取SBAR模式对相关信息进行了整理，以供大家参考。

倘若任由医患纠纷肆意发展，致使原本满腔热情的医务工作者们心灰意冷，离开医疗现场，对于医疗界而言无疑是重大损失。不仅如此，有限的医疗资源若因医患纠纷而白白浪费，对于我们每一个人来说都是一大憾事，着实令人惋惜。

若缺乏应对纠纷的能力，就无法守护医疗事业。衷心希望本书能助大家一臂之力。

目　录

第 1 章
难度持续升级！医患纠纷发展趋势及其应对之策

4 种类型的医患纠纷持续增加——003

重点在于"态度坚决，直面纠纷"——007

对应诊义务反应过度的情况依然普遍——008

缺乏"从容"的社会环境催化了纠纷的产生——011

我的医患纠纷解决术——013

第 2 章
高难度医患纠纷的应对方法

从实例中学习纠纷解决术 1

　　理论行不通！疑似药物成瘾患者的应对方法——021

从实例中学习纠纷解决术 2

　　因患者的被害妄想而不堪其扰的院长——031

从实例中学习纠纷解决术 3

　　怀疑"有人想要自己的性命"而激动不已的患者——039

从实例中学习纠纷解决术 4

　　医生一句无心之语引发"误诊纠纷"——046

从实例中学习纠纷解决术 5

　　过量开药引发纠纷，医生诚恳应对重建信任关系——055

从实例中学习纠纷解决术 6

　　医院漏诊癌症，家属怒不可遏——063

从实例中学习纠纷解决术 7

　　发生紧急事态！院长打来电话"求救"——070

从实例中学习纠纷解决术 8

　　接到"被员工虐待"的投诉该怎么办？——078

从实例中学习纠纷解决术 9

　　劝告赖在医院不走的患者——089

从实例中学习纠纷解决术 10

　　迫于患者无理要求而进退两难的院长——096

从实例中学习纠纷解决术 11

　　面对索要赔偿的患者，如何寻找双方的

　　"妥协点"——103

目录

从实例中学习纠纷解决术 12
 将疑似阿尔茨海默病患者引发的纠纷控制在
 最小范围——112

从实例中学习纠纷解决术 13
 打恐吓电话威胁女医生并以此为乐的跟踪狂——119

第3章
纠纷的原因往往隐藏在"意外之处"

从实例中学习纠纷解决术 1
 持续激增！将医院视为压力纾解对象的患者家属——133

从实例中学习纠纷解决术 2
 员工的轻率行为引发了意想不到的纠纷——143

从实例中学习纠纷解决术 3
 院长被卷入患者遗产纷争的离奇纠纷——151

从实例中学习纠纷解决术 4
 患者要求协助起诉前辈医生该怎么办？——160

从实例中学习纠纷解决术 5
 "患者自杀"引发的纠纷压倒个体开业医生——167

从实例中学习纠纷解决术 6
 深陷患者爱恨情仇纠葛的医院——177

从实例中学习纠纷解决术 7

  是否应该收治其他医院转来的"口出恶言的患者"——185

从实例中学习纠纷解决术 8

  医生的好意引发纠纷的荒唐故事——193

从实例中学习纠纷解决术 9

  "点评网站上出现了本院的差评!"真相出人意料——201

从实例中学习纠纷解决术 10

  只要视线交汇就吵嚷着"性骚扰"的女患者——208

第 4 章
另辟蹊径!投诉狂魔的应对之道

从实例中学习纠纷解决术 1

  "你这样还算是医生吗?"对医生恶语相向的患者——221

从实例中学习纠纷解决术 2

  "洗脑"医务人员的问题患者,其恶毒手法是?——230

从实例中学习纠纷解决术 3

  千万注意!借他人的纠纷威胁医院的投诉者——240

从实例中学习纠纷解决术 4

  以诚相待行不通!为难员工并以此为乐的难缠投诉者——248

从实例中学习纠纷解决术 5

　　对于出言指责院长的患者，医院能否拒诊——257

从实例中学习纠纷解决术 6

　　为满足自己的不合理诉求，患者屡屡出"绝招"——266

从实例中学习纠纷解决术 7

　　在诊室里赖坐了整整 40 分钟的女患者——273

从实例中学习纠纷解决术 8

　　对女理疗师实施性骚扰的患者——281

从实例中学习纠纷解决术 9

　　因"擅自治疗"而勃然大怒的酒醉患者——288

从实例中学习纠纷解决术 10

　　患者怒斥"医护人员无能"——295

从实例中学习纠纷解决术 11

　　散布诽谤院长的邮件以发泄内心苦闷的患儿母亲——303

从实例中学习纠纷解决术 12

　　医生有义务取得患者家属百分之百的理解吗？——312

从实例中学习纠纷解决术 13

　　把医生的话当成耳旁风的患儿母亲——321

第5章
提高应对纠纷的能力和免疫力

从实例中学习纠纷解决术 1
  掐灭纠纷导火索的"未雨绸缪之术"——333

从实例中学习纠纷解决术 2
  解决纠纷的拦路虎——医生的"两大误区"——343

从实例中学习纠纷解决术 3
  视障患者竟自己骑车就医?如何给装病患者
  "开药方"——352

从实例中学习纠纷解决术 4
  消除医生和护士对待问题患者的态度差异——361

从实例中学习纠纷解决术 5
  投诉"医生强迫我做内窥镜检查"的患者——370

从实例中学习纠纷解决术 6
  与盛怒之下的纠纷对象进行心理博弈——378

后　记——387

第1章

难度持续升级！医患纠纷发展趋势及其应对之策

我这里几乎每天都会接到3—5起纠纷咨询，其中绝大部分都是医患纠纷。近几年来，我发现这些纠纷的矛盾点比过去更复杂，解决的难度也越来越大。

事实上，关于医患纠纷数量是否增加，目前并没有官方的统计数据。另外，纠纷的矛盾点究竟有何种变化，其实也无从知晓。媒体报道的医患纠纷往往也是大肆宣扬其丑闻性质的大事件，一般的医患纠纷案例难以见报。因此，医患纠纷的处理难度越来越大、纠纷数量持续增加的观点，或许缺乏客观上的准确性。

不过，至少有一点我可以断言，那就是像我一样每天都要面对医患纠纷的人恐怕不多。尽管缺乏足够的客观依据，但我还是希望基于自己的主观见解，对近期医患纠纷的发展趋势展开分析。

4种类型的医患纠纷持续增加

最近的医患纠纷与过去相比，最大的不同点是什么？

答案是在纠纷类型上，出现了迄今为止鲜少触及，甚至可以说是刻意回避的领域所产生的纠纷。

在如今的医疗现场，论起解决难度较大且数量不断攀升的医患纠纷，主要表现为疑似精神障碍患者或其家属所引发的纠纷。这些患者由于尚处"疑似"精神疾病的阶段，即使经过精神科医生的诊断，初期也无法得出定论，因此导致医疗机构陷入纠纷。

一般来说，精神科的诊断依据不仅仅是患者就诊时的症状，还要观察特定时期内症状的具体变化，从而确诊疾病。患者在尚未得出明确的诊断结果，或意识到自身可能患有精神疾病的情况下，会前往多个科室就诊，从而接连引发纠纷。

我所接到的相关咨询主要分为以下四种类型：

（1）与疑似阿尔茨海默病患者之间的纠纷；

（2）与疑似精神分裂症患者之间的纠纷；

（3）与疑似边缘性人格障碍（以极端化思维、人际关系障碍、自残、冲动行为等为特征）患者之间的纠纷；

（4）与疑似双相情感障碍（抑郁状态与躁狂状态反复交替出现）患者之间的纠纷。

这里尤其需要注意的是第（3）类"疑似边缘性人格障碍

患者"。在这类案例中,纠纷的根源往往被误认为是患者"自私蛮横的性格",实则不然。在多数情况下,这些患者具有较高的判断力,他(她)们为了达到自己的目的,往往抱着豁出去的心态,费尽心机,使出浑身解数。

这些患者还会想方设法地找理由,将自己的不合理诉求正当化,但其实大部分都是谎言,处理纠纷时倘若信以为真,无疑会被对方耍得团团转。

精神科医生冈田尊司在其所著的《边缘性人格障碍》(幻冬舍新书)一书中,列举了边缘性人格障碍的10个典型特征,具体如下。

①缺乏对矛盾的容忍力;②非黑即白的极端化认知、以偏概全;③消极认知;④将自身原因与外界原因进行偷换;⑤混淆事实与解释;⑥极度害怕被抛弃;⑦毫无根据的自我否定或负罪感;⑧以自己的标准要求对方,期待过高;⑨回避变化或挑战;⑩不愿付出努力却执着于理想。

其中部分特征与我曾遇到的引发纠纷的患者极为相符。

比如,我曾接到这样一起案例。某家诊所的院长接诊了一位女患者,但对方像跟踪狂一样纠缠不休。一开始她试图利用礼物攻势来吸引院长的注意,但院长丝毫不为所动,况且他已经结婚了。这名女患者便埋伏在附近等候,直到院长结束诊疗离开诊所，一心想要引起他的注意。当患者发现一切都是白费心机时，不仅愤怒地要求院长归还礼物，还给他发送暗示要自杀的短信，手段变本加厉。

从近期受理的纠纷咨询来看，这类患者确实在不断增加。

除此之外，由兴奋剂、精神药品等药物成瘾患者所引发的暴力事件或伤害事件持续增加，也可谓是近年来的特征之一。部分纠纷甚至演变为杀人事件。

某家牙科医院曾发生一起兴奋剂成瘾者用刀刺杀院长的可怕事件。尽管与自己无关，但我对这起案件很感兴趣，便进行了相关调查，结果发现了以下问题。

这名患者全身文满了文身，领取低保生活，十分穷困潦倒。患者的言行方面表现出疑似幻听的症状，明显不同于普通患者，但院长出于"应诊义务（日本法律上表述为'应召义务'）"，认为不能拒诊，还是决定为患者进行治疗。然而患者似乎对治疗结果颇为不满，对院长恶语相向，言辞激烈。于是院长前往警局反映情况。警察虽然掌握了这名患者是兴奋剂成瘾的"问题人物"的信息，但并未告知院长，也没有采取任何行动。

在我参与的纠纷案例中，合成大麻等药物成瘾或酒精成瘾的患者所引发的纠纷数量也在增加，可见对于医务工作者而言，从业风险在攀升。

重点在于"态度坚决，直面纠纷"

面对这类患者，常规的接诊培训往往主张首先要摆出"倾听的态度"，而这一点需要格外注意。若采取倾听对方诉求的方式，处理起来很可能会出差错。即使要倾听对方的诉求，时间也最好控制在 10 分钟左右。

根据我从实践中掌握的经验，采用精神医学中的设定限制（Limit Setting）来应对是最合适的。

不可能就是不可能，做不到就是做不到，以坚决的态度直面纠纷，即使对方纠缠不休、百般挑剔，也不能被对方的意愿所左右，这才是解决纠纷的关键所在。

十多年前，当我第一次与这类患者打交道时，也曾竭力尝试以认真倾听的态度，询问对方的全部诉求，再逐一设法应对的方式来处理纠纷。然而，对方的诉求在不断变化，且变本加厉，时间越拖越久，问题始终得不到解决，以致泥足深陷，苦不堪言。

在经历了数次类似的纠纷案例后，我发现"设定限制"或许是一种行之有效的方法。

通过这种应对方法拿出"这就是底线,超出底线的诉求绝不可能满足"的坚决态度,直面患者。

本书在后面还会多次强调,应对的关键在于"态度坚决,直面纠纷"。

当我向接受咨询的院长或医生说明缘由时,有的人却将信将疑。事实上,在处理纠纷的过程中,毅然决然的态度是必不可少的。

对应诊义务反应过度的情况依然普遍

就引发纠纷的患者方面的情况而言,这类难以应对的患者数量持续增加可谓是一个显著的变化。

那么,医疗机构方面的情况又如何呢?

在我看来,医务工作者对"应诊义务"反应过度的情况依然十分普遍,或许这正是造成医患纠纷数量居高不下的主要原因之一。

日本《医师法》第 19 条规定,"医生从事医疗活动时,若无正当事由,不得拒诊"。这便是众所周知的医生应诊义务所规定的内容。然而,这一条文中的"若无正当事由"的具体内容至今依旧模糊不清(确切地说,更倾向于狭义解释),成为招致医疗现场乱象的一大原因。

从解决医患纠纷的角度来看，即便对厚生劳动省过去的相关通知进行解读，也起不了多大的作用。现行《医师法》规定的应诊义务，是从1948年太平洋战争结束后不久开始实行的。不同于现在的社会环境，当时的日本缺乏完善的急救医疗体制，地方医疗大多交给了在私人住宅开设诊所的医生。因此，若任由医生出于自身情况而轻易拒诊，就有可能造成社会混乱。可见，《医师法》之所以规定应诊义务，其背景不仅仅在于医疗的公共性和业务垄断，还与当时医疗保障体制的不完备息息相关。

与当时相比，现在的医疗环境已截然不同，但应诊义务却被搁置一旁，未进行任何改动。就行政而言，应诊义务或许是控制医生的有效工具。在我看来，这也许是刻意模糊"正当事由"相关内容解释的原因。

直截了当地说，除了普通患者，反复提出无理要求或做出扰医行为的患者，其实不在应诊义务的考虑范围之内。也就是说，从广义上来讲，医生在这种情况下可以拒诊。

这里的"广义"具体是指，在拒诊之前，必须做好充分的准备工作。若在毫无准备的情况下，直接对患者说"无法继续在本院就诊"，那么在双方产生纠纷时，院方很可能成为理亏的一方。因此，必须设法在纠纷出现之前，尽可能地收集大量证据。现在，市面上已有很多物美价廉的产品，带有录像或录音等功能，不妨考虑利用这类设备，原原本本地记录患方的无理要求或扰医行为。

另外，还要注意一点，医方不能只是简单地表示拒诊，还必须考虑到患者的后续就医，例如向患者介绍其他医院等。此外，为避免因"拒绝诊疗"被患者举报，最好事先向地方自治体或保健所等相关部门主动报备，说明无法继续为患者提供诊疗的原因及相关具体情况。

我想强调的是，医务人员在考虑救治患者的同时，也要注意保护好自己和同伴。我曾遇到过好几位被奇怪患者折腾得身心俱疲，甚至因此患上精神疾病的医务工作者。

医务工作者大多具备勤勉认真、温和善良等性格特点。故而他们认为既然有应诊义务，那么无论面对怎样的患者都不能拒诊，遇到问题只能一忍再忍，设法应对患者的无理要求，但这种做法最终会影响到自己的身心健康。帮助医务工作者摆脱"应诊义务诅咒"的束缚，也是我的使命。

无须强迫自己接诊患者。希望广大医务工作者转变观念，面对无理取闹的问题患者，直接拒诊即可。

除了《医师法》第19条的规定之外，还有一些容易造成医疗现场乱象的其他条文。《医疗法》第 1 条第 4 项第 2 点规定,"医师、牙科医生、药剂师、护士及其他医务人员,在提供医疗服务时,必须对患者作适当说明,使其知晓相关事项"。

若对该条文进行扩大解释,那就意味着医务人员需要"向患者详细说明,直至对方接受为止",但实际执行时要求的是"在社会普遍认知的范围内,进行足够充分的说明"。对患者进行说明后,若对方固执地反复询问同一个问题,或要求医生保证治疗效果,这就属于骚扰行为,不必无休止地满足患者的无理要求。在这种情况下,院方应当在牢牢掌握证据的基础上,明确告知患者停止骚扰行为,否则将无法继续提供诊疗。

缺乏"从容"的社会环境催化了纠纷的产生

在如今这个有着"一亿总投诉者"之称的时代,患者的就医心态也发生了翻天覆地的变化。特别是在平成时代(1989—2019 年),和其他服务领域一样,医疗领域的市场原教旨主义思维也愈演愈烈,一味关注"性价比"的人越来越多,在大部分人眼中,医疗机构不过是提供医疗服务的"店铺"而已。这便是所谓的医疗服务市场化现象。

与此同时，患者的心态逐渐失去"从容"，一味地追求市场化服务的趋势益发明显。这里的"从容"一词是社会活动家、专门研究贫困问题的法政大学教授汤浅诚先生提出的。贫困不仅仅是缺少金钱方面的"从容"，还包括缺乏人际关系上的"从容"或精神上的"从容"（丧失自信）。拥有"从容"能让人直面困境，缺乏"从容"就容易一蹶不振。

当越来越多的人失去"从容"，以致整个社会普遍缺乏"从容"时，人们将会失去宽容之心，面对微小的刺激或波动也容易产生过激反应。并且，缺乏"从容"的人一旦发起脾气，通常很难控制自己的情绪，很快会变得愈发暴躁。换言之，医疗机构当前所面临的社会环境，更易催生各种各样的医患纠纷。面对日渐增多的失去"从容"的患者，置身缺乏"从容"的社会，医务工作者务必要格外谨慎。

日常与患者打交道时，包括医生在内的所有医务工作者，都要结合当前的时代背景，时刻保持谨慎。

虽然大多数医疗机构都提倡"患者至上"，但其本意断然不是对患者言听计从，而是"作为医疗领域的权威，为保障患者的正当权益，尽自身最大的努力，做出最准确的判断"。

若每一位医生、护士、其他医务人员、事务人员都能牢牢掌握处理此类医患纠纷的技巧，就能有效避免沦为缺乏"从容"的社会的牺牲品。

我的医患纠纷解决术

面对日常的医患纠纷咨询，我采取的受理方式相当特别。大多数情况下，我会通过电话提供咨询，并不会前往涉事的医疗机构。具体流程是在收到院长、医生、事务长等人的咨询电话或邮件后，通过电话收集纠纷的来龙去脉和患者的相关信息，继而思考解决方案，提出建议。

执行建议的主体不是我，而是提出咨询的当事人。这一点是重中之重。因此，在把握纠纷内容的同时，我会在电话咨询的过程中对求助者解决纠纷的能力进行评估，对方办不到的建议我从来不提。

接下来，我将详细介绍如何向求助者了解具体信息。

首先，让求助者对纠纷产生的前因后果及当前的状况进行常规说明。此时，一小部分求助者不愿意详细说明本院产生纠纷的具体内容，而是通过抽象化的描述，寻求指导性建议。

这恐怕是出于防止本院信息外泄的考虑吧。在部分求助者看来，发生医患纠纷或许是一种耻辱。在这种情况下，若对方能回答我提出的问题，接受我给出的建议，我会接受对方的咨询委托。相反，在判断对方无法满足以上要求时，我基本上会拒绝。

此外，向求助者了解具体信息时，我会有意识地将求助者的个人看法与客观事实区分开来，从中分析患者的主张和诉求，提炼出医务人员的意见与处理方式，整理有效信息。

其次，我会做出两个重要判断，这也是关键所在。

一是患者的主张和诉求是否合理，二是医疗机构在诊疗或应对方面是否存在过错。

如果患者提出的诉求是正当合理的，就必须认真倾听并设法予以解决。问题是当患者的主张或诉求不合理甚至抱有恶意时的处理。

在这种情况下，医疗机构需要从常规的处理方式转换为危机管理模式应对。在采取上文提到的精神医学中所使用的设定限制法的同时，倘若对方提出更加过分的要求，应考虑停止提供诊疗。

面对患者的恶意投诉，进行彻底的分析非常重要。我们必须洞悉患者投诉的本质所在。为此，详细掌握患者的个人信息是必不可少的一环。

首次接到咨询电话或邮件时，我通常会重点询问患者的年龄、性别、职业、家庭结构、保险类型、病史、用药史、初诊及近期就诊的情况、是否存在可能引发投诉的诱因等。

在向求助者详细了解情况后，可能会发现投诉的诱因与预想的截然不同。

如此一来，患者的家庭内部矛盾（例如家庭内部的人际关系问题或纠纷等）或工作方面的问题有时也会随之暴露。

通过收集患者的个人信息，便能逐渐想象出疾病背后的患者本人的性格。这种分析模式与刑事侦查中用于锁定"罪犯特征"的侧写方法相类似。在明确恶意投诉者的"患者特征"时，这种方法也是相当有效的。

第2章

高难度医患纠纷的应对方法

在我受理的咨询案例中，除了医患纠纷，还涉及其他多个领域的咨询，从院长的人生规划咨询到医院遭遇劫持事件、亲属遇上"是我是我诈骗"（注：一种以老年人为对象，伪装成子女或孙辈，打电话自称"是我，是我"来骗取钱财的电话诈骗）、忧心医院未来的发展或继承问题等，真可谓是五花八门。

其中，数量最多的还是与患者相关的纠纷咨询。

有时也会突然接到让人神经高度紧张的紧急咨询。

"病人冲着我大喊大叫，说'你们必须承认医疗过失并道歉'，我现在待在隔壁房间给您打电话，该怎么办才好呢？"

"现在接诊的病人似乎是在装病，但我不敢告知患者本人。"

像这样，在纠纷发生的当口，抽空打电话给我的求助者也不在少数。

在这种情况下，最重要的是让求助者先冷静下来。之后，依次询问目前的情况（Situation）、患者的信息及纠纷产生的背景（Background）、当事人对纠纷产生原因的相关分析（Assessment）等信息。在进行综合研判的基础上，思考问题的解决方案（Recommendation），并告知求助者。关键在于如何快速完成这套"SBAR"流程。换言之，必须具备速断速决的高效性。

遇到纠纷时，建议大家利用这套 SBAR 流程来整理信息，养成习惯，以便于思考对策，更轻松地应对各类纠纷。

不过，随着纠纷处理难度不断升级，无法一次性顺利解决的情况也愈发常见。并且，面对医患纠纷，不存在必然可行的灵丹妙药。在我看来，最有用的对策其实是"积累实战经验"。

话虽如此，在现实生活中，像我这样每天与医患纠纷打交道的人并不多。鉴于经验的积累并非易事，作为次善之策，关键是要从实际发生的医患纠纷案例中汲取经验。

本章重点收录了近期发生的医患纠纷中解决难度较大的案例。希望通过这些案例，让读者理解本人制定医患纠纷解决策略的具体过程及其原因。

从实例中学习纠纷解决术 1

理论行不通!
疑似药物成瘾患者的应对方法

近来,针对"疑似药物成瘾患者"的咨询数量持续增加。与应对疑似精神障碍患者一样,这类纠纷的处理可谓相当棘手。

在医疗机构无过错,单方面遭受患者骚扰的情况下,医疗机构应该站在"坚决迎击"的基本立场上解决问题。然而,面对疑似药物成瘾的患者,这个基本理论可能行不通。过于强硬的应对方式可能会将与患者直接接触的医护人员置于险地,这一点需要格外注意。

例如,在患者明显表现出药物成瘾的症状,并来到医疗机构要求开具药物处方的情况下,倘若医生注意到患者的情况并告知对方要"减少药量",患者的态度可能会突然转变,甚至对医生施暴。因此,在无法遵从患者意愿的情况下,务必要小心谨慎地应对(初诊阶段尚未明确对方是否已经产生了药物依赖，这一点要格外注意）。

具体来说，为防患于未然，医疗机构事先要做好周密的准备，例如与患者保持足够的距离，桌面上不要放置杯子、花瓶等物品（避免变成施暴的工具），在隔壁房间配备安保人员，提前联系警方等，采取相关防暴措施（联系警方虽然重要，但不要抱太大的希望）。

接下来要介绍的，是我受理的真实案例。

 纠纷概要

受患者威胁而被迫开药

"真的很吓人。对方强迫我给他开安眠药，我实在是很为难……不知道对方会做出什么事情来，该怎么办才好呢？"

打来电话的是 A 内科诊所的院长。透过听筒传来的声音低沉嘶哑，院长紧张不安的样子仿佛就在眼前。

这起纠纷发生在一家由医生个人经营的极其普通的诊所。实际上虽然尚未彻底解决，但我还是想向各位读者介绍，希望能让读者感受到院长所经历的紧张恐惧，了解纠纷的处理难度之大。

具体情况将在后文详述。在难度较大的纠纷案例中，解决

后感到如释重负的案例其实并不多。究其原因，主要是在纠纷处理难度较大的情况下，我们的目标是尽可能解决眼前的纠纷，而不是着眼于整个纠纷的根本原因。

接下来请看事情的经过。

据院长介绍，引发纠纷的患者大约在1年前住进了附近的一家医院，接受酒精依赖症的专门治疗。不过，由于短时期之内无法彻底治愈，出院后他开始经常服用安眠药戒酒。自这名患者就诊的6个月以来，A诊所每次会按照2周的药量开具处方。

然而，不久前，A诊所得知患者大约从3个月前开始，还在附近的一家大型精神科医院看病，这家医院也给患者开了安眠药。因此，院长告知患者，诊所将逐渐减少开具的安眠药用量，直至停止开药，结果就发生了"纠纷事件"。

"你说什么？之前不是开得好好的吗！为什么以后就不给开药了！"

据说当时患者态度骤变，突然一把抓住院长的胸口，用低沉可怕的声音逼问院长。这名患者是一位身高188厘米、体重超过90公斤的彪形大汉，给人带来的压迫感当真是无以复加。更何况当时他还怒目圆睁，满眼通红。

院长陷入了从未有过的恐怖之中。预感不照做的话可能会严重危及自己的人身安全，院长只好按照之前的药量给他开了安眠药。

"患者要多少就开多少药，实在是太丢人了……"院长无力地感叹道。他担心患者下次若再来诊所，不知该如何应对，因而向我寻求建议。

尾内解决术

优先确保安全，以此为前提寻找解决问题的线索

说实话，针对当前阶段应该给出怎样的建议，我其实无从断言。虽然院长因屈服于患者的威胁而备感消沉，但面对危急情况，采取这种应对方式无疑是正确的选择。因为自身及员工的安全始终要摆在第一位。

听院长说明情况后，我提了以下三点想法。

第一，尝试向警方咨询。第二，与患者家属中最可靠的人取得联系。第三，联系患者所就诊的另一家精神科医院的主治医生，掌握相关情况。就目前而言，我建议院长不妨从这三个方面着手。

听了我的建议，院长当天就咨询了警方。然而，警方的回

复却是:"如果发生了暴力事件,我们可以采取行动,但事件尚未发生,警方很难介入。"警方的冷淡回应其实已在意料之中,因此我也提前告知院长,"倘若警方回复'无法采取行动',那么要向警方追问能否帮忙调查患者的相关信息"。

院长按照我的建议向警方询问了患者的相关信息。于是,警方协助调查了患者的相关背景。结果发现这名患者曾有引发暴力事件的前科记录。在向警方提出"万一出事我会第一时间报警,届时请务必采取行动"的请求后,院长便离开了警局。

接着院长尝试与患者周围的人取得联系。根据医保卡上的信息,得知患者有妻子和两个孩子。然而,在给患者家中打电话后发现,患者的妻子始终不在家,接电话的总是他的孩子。

无奈之下,院长只得退而求其次,设法从患者的孩子那里打听到了住在附近的患者哥哥的联系方式。尝试电话联系后,对方却表现出明显的回避态度,说"弟弟脾气暴躁易怒,对亲戚或兄弟都能动手,实在是没办法",很明显不愿意卷入其中。

此外,院长还联系了患者所就诊的精神科医院的主治医生。患者的主治医生似乎对他在 A 诊所就诊的事情全然不知。在院长告知事情的经过后,精神科医院的主治医生表示:"我们这边也会调整安眠药的用量。"

然而，即使做了这么多准备工作，院长心中依然忐忑不安。担心患者会不会要求 A 诊所开具更多的安眠药，填补精神科医院所减少的药量。

纠纷发生后不久，事情出现了意料之外的进展。在院长为采取对策而奔忙数日后，警方传来消息告知，这名问题患者因在其他医疗机构闹事造成伤害事件而被逮捕。

"这样好歹能松一口气了。"院长感慨道。但仔细想想，事情并未就此了结。因此，我反复提醒院长，务必建立应急报警机制，并向警方寻求建议，强化防范暴力的危机管理体制。此后，据说问题患者再未出现在 A 诊所。

纠纷的教训

尽力寻找患者周围有影响力的人

遗憾的是，这类纠纷往往很难彻底解决。并且，就算涉事的医疗机构能够摆脱问题患者，其他医疗机构很可能也会陷入同样的纠纷中。也就是说，任何一家医疗机构都有可能发生此类问题。

那么，当问题患者出现时，医疗机构又该如何应对呢？在我看来，最基本的是要与警方合作，在确保院长自己及员工安全的同时，从患者周围的人际关系入手，稳步寻找解决问题的线索，除此之外别无他法。

面对行为举止不合常理的问题患者，基本原则是寻找患者身边的家人或朋友等具有影响力的人，通过他们来阻止患者。这也是我经常推荐使用的有效手段。

然而，若像这个案例中的问题患者一样，出现药物成瘾的症状，亲戚朋友也敬而远之，基本可以断定患者一般独来独往，家庭也处于分崩离析的状态。在大多数情况下，患者的家庭内部氛围或与家人之间的关系通常呈现出"亲子、兄弟之间的关系恶劣""家里没有自己的立足之地""家人过度干涉，患者内心十分厌恶"等状态。由于缺乏家人的理解，患者偶尔也有压力过大而走极端的情况。

倘若难以与患者直接沟通，周围也无法找到能够有力劝阻患者的人，那么医疗机构可采取的措施将十分有限，问题的解决难度也会陡然增加。

究竟该如何应对呢？

我认为应该坚持不懈地寻找患者身边有影响力的人。正如这个案例中所介绍的，若得知患者前往精神科医院就诊（或有其他就诊经历），那么医院的主治医生或许就能提供线索。

但另一方面，每当遇到类似的纠纷，在思考能否采取更有效的应对措施的同时，我也深感自己的无力。

按理说，作为医疗机构，应该对患者的药物成瘾症状进行治疗，除了患者的家属，还要与治疗药物成瘾的专家或专业机构等通力协作，真正接受此类患者。但现实情况是，患者与家人之间的关系疏远，其家人通常也不愿配合，药物成瘾的专业治疗机构目前也为数不多。交由某一家非专业医疗机构处理的话，似乎负担又过于沉重。我能给出的建议也颇为有限。

这个问题不仅关系到医务工作者和相关行政人员，还需要包括普通市民在内的社会各界人士共同参与其中，否则无法从根本上解决。

通过 SBAR 解决纠纷的流程

S 情况（Situation）

院长得知在自家诊所开安眠药的患者在其他医院也开了安眠药，便提出要减少诊所开具的药量。不料患者闻言勃然大怒，要求恢复原来的药量。院长感觉自己的人身安全受到了威胁，只得按照患者的要求开了药，院长担心以后恐怕还会发生同样的事情，内心十分不安。

B 背景（Background）

患者原本就因酒精依赖症，一直在接受专业治疗。为了戒酒，患者开始时常服用安眠药。其家人虽然近在咫尺，却始终保持着距离，对患者避之不及。

A 分析假设（Assessment）

若贸然刺激患者，后果难以预估，必须把自己和员工的人身安全放在第一位。寻找对患者本人有足够影响力的人（家人、医生等），通过这种途径打开局面。

R 解决方案（Recommendation）

咨询警方。在联系警方的同时，与精神科医院的医生取得联系，共同合作减少安眠药的用量。除了患者的家人之外，还要坚持不懈地寻找能够制止患者的关键人物。

从实例中学习纠纷解决术 2

因患者的被害妄想
而不堪其扰的院长

一名常年在医院就诊的患者最近突然开始口出怨言。然而，对于患者的不满，医院方面却完全没有头绪。

在这类纠纷事例中，"起因实际上是患者患有阿尔茨海默病"的情况其实不在少数。随着阿尔茨海默病的不断恶化，发病时向周围胡乱发脾气的现象也愈发频繁，但医院方面很难察觉患者的病症，因此才产生了诸如"以前这位患者的态度明明很好呀，怎么会变成现在这样？""是不是医院方面做了什么，惹患者不悦了？""这中间似乎有误会，必须尽快解开……"等困扰。

许多前来咨询的医院院长或事务长经我提醒，才恍然意识到"对方可能患有阿尔茨海默病"。即便是专业的医生，也很难一眼看出患者身患阿尔茨海默病。

就我的实际感受而言，因阿尔茨海默病而引发的医患纠纷案件比例正在逐步攀升，预计今后还将进一步增加。

面对这样的患者，我们究竟该如何应对？本节将基于以下实例，与大家共同探讨。

纠纷概要

患者突然爆发子虚乌有的抱怨

A 医院的院长是一名女医生，经营范围主要在大阪周边县，主要提供内科和儿科相关诊疗。她打来电话说："一名男患者突然在医院大喊大叫，发泄不满，但对他所说的内容我完全没有头绪，这种情况已经出现好几次了，不知道该怎么办才好，实在是伤透了脑筋。"

患者 X 今年 72 岁，一个人住在公寓里，自 6 年前开始，便因患有高血压而常常在 A 医院就诊。在此期间，患者的就诊态度一直都很正常。然而，大约从半年前开始，情况突然发生改变。患者动不动就与院长或其他医护人员激烈争吵，态度强硬，言语粗暴，在交谈的过程中总是无缘无故发脾气。

最近，X 突然对 A 院长说出这样的话。

"为什么你要跟我说'我给你写了介绍信，你去别的医院吧'？"

"为什么总是给我家里打电话？你们太过分了。"

但是，A 院长对 X 的指责毫无头绪，完全不明白 X 为何会这么说。

没过多久，A 院长突然接到了附近警察局生活安全科打来的电话。"您那边的患者 X 前来咨询，说他被 A 院长骚扰，能否告知具体情况呢？"警方负责人询问道。这着实让 A 院长大吃一惊。

当然，A 院长已向警方解释了患者的话毫无根据，但双方经过数次电话沟通，警方仍是劝说 A 院长，"医生道个歉事情就圆满解决了。不如写封信？相信对方也能就此罢休了。"于是，A 院长便按照警方的指示，写了一封信给患者 X，大意是表明"都是自己考虑不周所致……"。

此后一段时间倒是相安无事，但在 5 个月后，患者 X 却突然来到医院，大声叫喊着"你到底跟我有什么仇？我来问个明白"，他怒气冲冲地打开诊室的门，撂下一句"我再也不会来了。这是最后一次"便回去了。过了几天，患者又来到医院，重复着同样的言行。

被扣上莫须有的帽子，遭到患者的粗言辱骂，又无端地被警方怀疑，A 院长恐怕已然是身心俱疲。正巧 A 院长偶然听说过我的事，她便慌不择路地来电咨询。

💡 尾内解决术
根据患者的言行举止判断是否拒诊

接到 A 院长的电话后，我按照自己的想法，提出了以下建议。

从患者 X 一系列反常的言行来看，很有可能是阿尔茨海默病所致。这一点 A 院长多多少少应该也有所察觉。因此，我的第一个建议是，倘若医疗机构完全没有过错，不妨以对方"或许患有阿尔茨海默病"的心态，进一步收集 X 的个人信息并加以验证。随着阿尔茨海默病的恶化，患者的"精神状态"也会发生变化。病程发展到一定的程度，对于他人的感受，患者往往过于敏感，并反映到自己的情绪当中。

譬如，发生伤及本人自尊的事情时，患者会向周围肆无忌惮地发泄心中的怒火。此时，不管对方实际有没有做伤害患者自尊的行为，也可能成为患者的泄愤对象。关键只在患者本人的感受。患者虽无明显症状，但在这数年间，他的阿尔茨海默病或许已发展到了十分严重的阶段。

X 本人恐怕并未意识到自己患有阿尔茨海默病。因此，他应该也没有办理看护保险的看护需求认定，但为慎重起见，还是要联系患者的家人或咨询地区综合支援中心，这便是我的第二个建议。另外，与患者的家人取得联系，掌握现状也很重要。说不定家人也已察觉出 X 的阿尔茨海默病的症状。若 X 尚未接受阿尔茨海默病的相关治疗，可尝试推荐患者就诊。

第三，无论患者 X 是否患有阿尔茨海默病，如何处理纠纷取决于 X 的言谈举止。重要的是，不能因患者身患疾病就被其所左右。

从 X 此前的言行来看，A 院长与 X 之间的信任关系已经遭到了极大的破坏。因此，院方即使拒诊也无可厚非。待患者再次来到医院时，最好直接告知患者"本院无法提供后续治疗"，并介绍患者转去其他医院。

X 身患阿尔茨海默病固然令人同情，但并不代表 A 院长就必须为此忍气吞声。不管对方的情况如何，都应该根据医院方面所受损失的大小，来判断是否需要拒诊患者。这是一条能够简单有效地解决医患纠纷的铁则（前提是医院方面没有过错）。对他人的同情只会让纠纷迟迟得不到解决。在我看来，拒诊 X 是最好的选择。

听了我的建议，A 院长下定决心道："听您说可以拒诊，我心里就有底气了。要是 X 下次再来医院，我肯定应付得来。"A 院长的声音听起来比刚打电话时要明快了许多。

自此以后，X 便再也没有出现。虽然尚不能断言纠纷已经彻底解决，但即使今后 X 再来医院闹事，想必 A 院长也能游刃有余。应对医患纠纷时，当事人若抱有信心，做好心理建设，结果自然会朝着好的方向发展。

纠纷的教训

要有"患者可能患有阿尔茨海默病"的警惕心

无论是哪个科室，面对高龄患者时，若察觉对方的言谈举止出现反常，或就诊态度发生易怒暴躁等明显变化，医生及医务工作者就要警惕对方可能患有阿尔茨海默病。若确是阿尔茨海默病导致的反常，就不必把患者的无理要求和抱怨当真。倘若院方不胜其扰，就应像这起纠纷案例一样，考虑拒诊患者。

如果患者有儿子或女儿等家庭成员，也可以通过这一渠道来处理纠纷，引导对方进行阿尔茨海默病的治疗。这次的纠纷案例未能实现这一点。尽管留有遗憾，但这是让 A 院长重获自信的唯一方法。

通过 SBAR 解决纠纷的流程

Ⓢ 情况（Situation）

不久前，医院多次接到患者子虚乌有的投诉。患者还向警方咨询过索赔的问题，尽管院方对于投诉的内容毫无头绪，但在警方的要求下，不得已写下了道歉信。

Ⓑ 背景（Background）

患者今年 72 岁。因患有高血压从 6 年前开始在 A 医院就诊。刚开始就诊时的状态并无异常，但近来情况有所改变，动不动就用强硬的语气向院长或医务人员表示不满，有时还会突然发火。

Ⓐ 分析假设（Assessment）

患者很有可能患有阿尔茨海默病。不过，即使患者的言行是疾病所致，也没有必要全盘忍受对方的诽谤中伤。考虑采取停止诊疗或介绍其他医院等策略。

B 解决方案（Recommendation）

联系患者的家人或地区综合支援中心，告知患者目前的情况，并与他们商量。告知患者本人无法继续提供诊疗服务，考虑为其转介其他医院。

从实例中学习纠纷解决术 3

怀疑"有人想要自己的性命"而激动不已的患者

最近,不仅是医科,牙科方面的咨询也越来越多。问题大多出现在疑似轻度痴呆症或精神分裂症等精神疾病的患者身上。虽说数量比医科少得多,但在牙科领域,这类患者确实也在不断增加。接下来要介绍的虽然是发生在牙科的纠纷案例,但其他科室的纠纷应对方法也完全相同,大家可以作为参考。

纠纷概要

抗血栓治疗患者的拔牙问题

来电咨询的是在大阪周边县经营 A 牙科诊所的 B 事务长。患者 X,男,今年 72 岁,住在 C 市。第一次来 A 诊所看病,他决定在此拔牙。当时 X 告诉医生,自己因患有心脏病,曾去过其他医院就诊,目前正在服用抗血栓药物。

过去一般认为,在服用抗血栓药物的过程中拔牙会影响止血效果,人们的常识是拔牙前需停药4—5天。然而近来,这种观点发生了改变。根据2010年日本口腔外科学会等机构制定的《关于抗血栓治疗患者的拔牙指南》,明确提出在使用华法林、阿司匹林等药物适当进行抗血栓治疗时,在充分采取止血措施的前提下,拔牙期间可以不停药。

A诊所也曾讨论过是否要按照指南的意见来处理,但为慎重起见,还是决定要求患者停药。与合作的内科医生事先商量之后,诊所告知X需停药5天。X却反驳道:"到现在为止我拔过好几次牙了,医生从来没有要求过停药,真搞不懂为什么这次非得停药。"并且故意挑衅道:"第一次来就诊时,给我看病的不是牙科医生,而是牙科卫生员。你们这么做不是违法的吗?"当然,事实并非如此,但X却固执己见。

B事务长认为问题十分棘手,决定花时间与X好好沟通。交谈时间大约在2个小时。结果X却再次语出惊人。

"我被国立医院盯上了,他们想要我的命。"

"他们用激光远程照射我的胳膊肘和脚踝。"

"我一直遭受着迫害。"

据说根据患者的言行,能看出符合精神分裂症特征的被害妄想症状。

B事务长判断"无法与X建立正常的信任关系",与院长商量后,便告知X:"非常抱歉,本院无法继续提供诊疗服务。"结果X却表示:"你们必须给我书面的拒诊理由。"备感为难的B事务长便给我打电话咨询。

B事务长问了我三个问题。第一,是否必须按照X的要求提供书面拒诊材料?第二,面对这种情况,诊所究竟能否拒诊?第三,患者疑似患有精神分裂症,针对这类患者有没有较好的应对方法?

尾内解决术

以坚决的态度告诉对方"无法继续提供诊疗"

我只向B事务长确认了一点,那就是X是否确实是第一次来诊所就诊的患者。之所以这么说,是因为X居住的C市离A诊所相当远。我怀疑他或许有特意来此的理由。经确认,6年前X果然曾在A诊所接受过诊疗。不过,当时的病历并没有保存下来。X执意选择A诊所似乎有某些特殊的原因,但最终还是不得而知。

基于上述情况,我给出了以下建议。

首先，在这个案例中，X令人匪夷所思的言行暂且不论，关键在于他根本不接受A诊所的治疗方案，因此拒诊是完全没有问题的。既然花了两个小时就治疗方案对X进行了详细说明，诊所方面也不存在告知不充分的问题。当然，诊所没有必要写书面拒诊原因，面对患者纠纷也不应该写这类书面的材料。

不仅如此，由于患者怀疑为其诊疗的是牙科卫生员，可以判断双方的信任关系已经崩溃。对于X，最好是态度坚决地告诉对方："我们无法继续提供诊疗，也没有义务出具书面材料。如果您有需求，我们可以介绍其他医院。"

B事务长按照我的建议，向X表明了无法继续治疗的意向，没想到对方竟然爽快地接受了。可能是正巧赶上对方的情绪稳定期，据说自此以后，X就销声匿迹了。

纠纷的教训

尽可能引导患者前往专业医疗机构

面对疑似精神分裂症的患者，就连专业的精神科医生也会感到棘手。患者的情绪波动较大，症状稳定和状态较差时的反应截然不同，这也是造成纠纷处理困难的原因之一。面对此类患者，一定要引导他们前往专业的医疗机构。

话虽如此，一般情况下，只要没有明显的阳性症状，就很难确诊为精神分裂症（由于我本人也不是医生，这只是我的推测）。另外，患者本人也会因被冠以如此严重的病名而深感抵触。据说有的医生预料到了这一点，给出自律神经失调症或抑郁状态的诊断，没有刻意针对精神分裂症的发病风险进行治疗，患者的病情也因此延误了很长时间。倘若事实确实如此，患者的治疗就会越来越难。这个问题很难用一般的方法解决。

面对疑似患有精神分裂症，却没有接受相应治疗的患者，医院必须做好心理准备，对方可能会因其他疾病而引发纠纷。

通过 SBAR 解决纠纷的流程

S 情况（Situation）

医生嘱咐正在服用抗血栓药的患者，拔牙后需停药 5 天。结果患者却提出"不理解为什么不能服药""第一次就诊时给自己看病的是牙科卫生员，属于违法行为"等质疑，院方表示"无法继续提供诊疗"之后，患者要求诊所"拿出书面的拒诊理由"。

B 背景（Background）

患者今年 72 岁。以前也有在 A 诊所就诊的记录。医院用 2 个小时向患者详细说明了治疗方案。患者屡次发表"有人想要我的命"等被害妄想言论。

A 分析假设（Assessment）

患者很有可能患有阿尔茨海默病。不过，即使患者的言行是疾病所致，若对方完全无法接受治疗方案，院方可以考虑拒诊。

R　解决方案（Recommendation）

明确告知患者"无法继续提供诊疗""医院没有义务出具书面材料"。若条件允许，可引导对方前往精神科就诊。

从实例中学习纠纷解决术 4

医生一句无心之语引发"误诊纠纷"

在受理医患纠纷咨询时,最让人头疼的是不同医疗机构的两位医生做出不同诊断的情况。患者拿着某家医疗机构的诊断结果,向另一家医疗机构的医生征求意见的例子越来越多。此时,若两位医生的意见一致,倒也相安无事,但如果二者意见不同,就会出现大问题。

如果两位医生只是见解稍有不同倒也还好,但如果后一位诊断的医生说前一次的诊断是错误的,患者难免会感到愤怒,并对前一次诊断的医生产生强烈怀疑。

纠纷的原因并不总是在患者一方。像这个案例一样,医生也有可能是纠纷产生的原因所在。我们先看实际发生的案例。

⚡ 纠纷概要

因 2 名医生的诊断不一致而引发纠纷

"我给一位患者开了处方,另一个医疗机构的医生却要求患者不要吃我开的药。患者还强硬地表示'初诊费就算了，请把处方费退还给我'。请问遇到这种情况该怎么办？"

这次打来电话的是大阪府X脑神经外科医院的X院长。X医院才刚开业一年半。患者不仅强烈要求退款，还将初诊费和处方费明确区分开来，只要求退还处方费，X院长对此感到十分震惊。现如今，患者对收据记载的内容提出质疑已是理所当然。

要求X院长退款的是一位70岁的女患者。第一次来X医院看病，主诉症状是头晕。医生检查后，给她开了治疗眩晕、平衡障碍的药物处方。患者在窗口付完钱，当天就直接回去了。但过了10天左右，对方突然打电话来抱怨道：

"因为患有糖尿病和高血压，我也经常去〇〇大学附属医院看病。为了慎重起见，我把X医生开的处方药也带上了，问了大学附属医院的主治医生这些药能不能吃，谁知他看了之后，竟然建议我最好不吃。X医生为什么要开那样的药呢？你们必须给我一个说法。"

对此，X院长回复道："当时是在仔细了解您的症状之后，对症给您开的药物。"但患者并不接受。

患者坚称："主治医生明确告诉我这些药不能吃。"

X院长解释说："我开的药，说明书上写得很清楚，消化性溃疡和哮喘患者需要慎用。另外，对高龄患者要酌情减少用量。当然，我们是经过了慎重考虑才给您开的药。"

患者依然坚持道："不，主治医生的说法才是正确的。就算初诊费没法退，处方费无论如何也得还给我。否则，我跟你们没完。"

据说双方争论不休，僵持了很长一段时间。最终，X院长认为电话里说不清楚，告知对方日后再给答复，便挂断了电话，接着马上联系了我。

尾内解决术

只能强压怒火，耐心劝说

类似的纠纷咨询，我已经受理过多次。其实这类纠纷实属平常，应对方法也很简单。于是，我先提出了自己的观点。

"医生，不是有句话叫'事后医生是名医'吗？意思是说，如果患者在多个医疗机构就诊，那么在他看来，最后看病的医生做出诊断的往往是最正确的。但从这次开处方药的情况来看，本应做出更正确判断的'事后医生'一句无心之言，就让患者对您这位'事前医生'产生了怀疑。"

X院长问道："也就是说，患者根本不相信我说的话。可以这么理解吧？真是让人有点火大。这种情况我该怎么办呢？"

综合目前掌握的信息，我提出以下几点建议。

首先，尽量控制自己对患者的负面情绪。生气解决不了任何问题。而且，患者从大学附属医院的医生口中，听到了完全相反的意见，对 X 院长产生怀疑也是无可奈何的。其次，有必要确认患者所说的内容是否属实，了解大学附属医院的医生到底有没有表达过不同意见。我之前也受理过很多类似的案例，对于医生的发言，患者往往只记住符合自己想法的部分，继而根据这些只言片语提出自己的看法。应该马上联系大学附属医院进行确认。

其次，既然 X 院长的诊疗并无不妥之处，不妨直接请患者来医院一趟，通过药品说明书当面向患者说清楚处方并没有问题。在我看来，大学附属医院的主治医生可能是在查看 X 院长开具的药品的说明书后，发现写有"谨慎用药""酌情减量"等字，便随口说了一句"最好不吃"。

X 院长立刻与大学附属医院的医生取得了联系。问他是怎么嘱咐患者时，大学附属医院的医生回答说："也可以不吃这些药，最终还是和诊所的医生商量后再决定。"也就是说，医生的意思并非"最好不吃"。

明确了这一点，事情就好办了。X院长马上联系了患者，请她抽空过来一趟。第二天下午，患者如约而至。

X院长首先转达了自己与大学附属医院医生的对话内容。然后，他拿出药品说明书，一边给患者看病历，一边详细地解释诊断过程、开具处方的原因以及药品的副作用等，尽管花了不少时间，但最终得到了患者的理解。

纠纷的教训
慎重评论其他医院的诊断结果

或许是因为社会上不信任医疗服务的现象普遍蔓延，近年来，因前后两名医生的诊断不一致而引发的纠纷越来越多。遇到这类情况，解决方法只有一个。前面的医生要相信自己的诊断，耐心向患者解释，努力得到患者的理解。仔细为患者诊断后，若发现后一位医生的诊断和处理有不当之处，也要明确告知患者。

但问题是，对于患有多种疾病的患者提出的非专业问题，有的医生会在缺乏确凿医学根据的情况下，轻率地做出回答。医生或许是抱着闲聊的心态随口一说，但对于听者（患者和初诊医生）却关系重大。哪怕是细枝末节，患者对"误诊"

也是非常敏感的，这一点务必要牢记。

因此，若大家站在"事后医生"的立场上，当患者要求你对其他医院的诊断结果发表意见时，请务必慎重对待。因为你的一句话可能就像铁锤一样，瞬间摧毁患者和"事前医生"之间的信任关系。

不管怎样，每个医生都有可能成为"破坏关系的一方"，也可能沦为"被破坏的一方"，这一点大家要铭记在心。

虽说与上述情况稍有不同，但第二诊疗意见（Second Opinion）风潮的兴起也带来了一定的影响。第二诊疗意见的原则是，经由原来的医生介绍，听取其他医生的意见。但若医生没有介绍，患者自行前往其他医疗机构就诊，就更容易出现类似此次纠纷的情况。

归根结底，最有效的预防措施是，在日常工作中详细向患者说明诊疗内容和治疗方案，建立医患间的信任关系。这里最重要的是，医生要设法向患者传达信息，保持密切的沟通。

此时，除了在语言表达上下功夫，还要注意非语言方面的交流。作为医生需要格外留心，自己的表情、坐姿、视线的投向等细微动作（医生或许没有意识到这些细微动作都会被患者看在眼中），也会给患者传递相关信息。

想要给对方留下温和、包容、仁厚的印象，首先必须稳定

051

自己的情绪。医疗现场往往忙乱不堪，正因为如此，医生平时就要注意保持平和冷静的心态。在为患者诊断之前，大家不妨闭上眼睛，慢慢地深呼吸1分钟，找到适合自己的精神放松法。

通过 SBAR 解决纠纷的流程

S 情况（Situation）

对于医院开具的处方药，患者投诉说，其他医疗机构（大学附属医院）的医生表示"最好不吃"。患者似乎对其他医疗机构医生的意见深信不疑，要求退还处方费。

B 背景（Background）

患者由于要治疗糖尿病和高血压，常年在大学附属医院看病，就 X 院长开具的处方询问了大学附属医院医生的意见，得到了一些信息。药品说明书中有"谨慎用药""酌情减量"的表述。

A 分析假设（Assessment）

确认大学附属医院的医生是否说过"最好不吃这些药"。X 院长对自己开具的处方很有信心，没有必要退还处方费。不过，对于患者的质疑，X 院长感到很气愤，必须先冷静下来。

R 解决方案（Recommendation）

首先，确认大学附属医院医生所说的话。因为患者产生误解的可能性也很高。在此基础上，请患者来医院一趟，利用药品说明书等当面做出解释。

从实例中学习纠纷解决术 5

过量开药引发纠纷，医生诚恳应对重建信任关系

最近，我连续接到了两起因过量开药而引发的医患纠纷咨询。起因都是医生在开处方时写错了药量，医院外部药房的药剂师也没有注意到数值上的异常就直接给了药。一般情况下，这种问题是不太可能发生的。

通常，即使医生开错了药量，药剂师给药之前也应该仔细检查处方笺，发现药品的种类或剂量不对劲时，必须及时与医生核对。当然，如果医生不出错，问题本就不会发生，但人难免会犯错，药剂师就是为了弥补医生的失误而设置的专业人员。

然而，在接下来介绍的案例中，这一保护机制却完全没有发挥作用。我们必须先弄清楚究竟发生了什么。另外，如果发生此类纠纷，希望大家都能掌握修复医疗机构与患者之间关系的方法。

纠纷概要

给同一个患者连续两次开药过量

大约两周前，我收到了一封邮件。发件人是大阪市北部一家诊所的 A 院长，这家诊所主营内科、小儿科和放射科。A 院长是一位女性，与我素不相识。邮件的内容具体如下。

第一次冒昧给您写信。（中略）前几天，我们接诊了一名 5 岁的男孩 X，主诉"因为感冒咳嗽得很厉害"，于是我给他开了止咳药。本诊所实行的是医药分离模式（诊所只负责开具处方，患者需在外面的药店买药）。但那名男孩吃药后却出现了嗜睡症状，当天傍晚再次来到医院。给他做了检查后，我怀疑是脑膜炎，便介绍了附近的大医院，迅速安排男孩就诊。医院给出的诊断结果是"疑似发热谵妄"，患儿 X 在病床上躺了约 3 个小时后，恢复了精神，就回家了。

5 天后的上午，患儿 X 和母亲再次来到了诊所。这次的症状也是"咳嗽不止"，于是我给他开了相同剂量的止咳药。然而，到了下午，患儿的母亲联系我说"孩子又出现了嗜睡症状"，我便让她立即将 X 送到诊所来。孩子的母亲显得有些慌乱，一直在哭。

连续两次在就诊后出现相同的症状，我感觉不对劲，首先怀疑是药有问题，就查看了患儿的病历。结果发现我开的处方药量偏多。患儿来到诊所后，我立即用利尿的点滴促进排出药物，然后让患儿躺在床上休息，留观了 5 个小时。幸运的是，患儿很快恢复了健康。

为此，我多次向患儿的母亲表示歉意："由于自己的失误，药量开多了一些，真的非常抱歉。"此外，我还承诺尽管目前患儿身体并无大碍，但今后若出现任何情况，诊所都会诚恳应对，并提出退还包括诊疗费在内的所有费用。

于是，孩子的母亲提出了"请您将刚才说的内容写下来给我"的要求。为了表示自己的诚意，我便写了一份书面承诺，想请您帮我看看内容，给点建议。

我第一次看这封邮件的时候，就感觉有些不对劲。为什么错误的处方会连续两次顺利拿到药呢？

正如开头所提到的，即使医生开错了处方，药店的药剂师作为最后的堡垒，应该也能检查出来。然而，这一纠错保护机制却连续两次失效。这就意味着其中某个环节出现了纰漏。作为责任方之一，药店恐怕也难辞其咎。

为了确认这一点，我与 A 院长取得了联系，询问了具体情况。结果，得到的回复却出乎意料。

"关于为什么没有发现处方药量偏大，我问过给 X 提供药品的药店，对方却说药剂师接触了提示处方量异常的警报。话虽如此，但还是得怪我自己写错了处方……"

原来如此。难怪药剂师忽略了处方药量的问题。而且，对方解除警报的理由竟然是"声音太吵了"，实在是令人匪夷所思。在医药分离的情况下，只要有处方，患者就可以在任何一家药店取药，但如果预警机制失效的药店持续增加，那么不仅是取药的患者，开具处方的医生也会面临很大的风险。

之后，A院长将道歉信交给了患者。文字已经充分体现了诚意，在此基础上稍作修改即可。

尾内解决术
提出防止问题再次发生的具体对策

首先，针对以后可能出现的情况，在交给患者的道歉信上，写清楚"万一因为此次药物过量而引起健康方面的问题，我们会诚心诚意地处理"就够了。

看了A院长写的内容后，我感觉"为了确保今后不再发生类似的情况，我们会尽最大努力采取预防措施"的表述有些欠妥。无论如何强调"自己会尽最大努力"，都太过抽象，让人难以捉摸。喊口号无法防止此类错误再次发生。若要重新获取患者的信任，必须具体说明"怎样去尽最大努力"。

在我提出这些建议后，A院长又补充了"针对儿童用药，我们限定了处方用量，并将患儿的体重与处方号关联，对处方号进行了简化，要求相关人员务必进行二次核验"等内容。另外，药店也会单独写信向患儿的母亲致歉。

其次，书面内容原本是由A诊所与药店联名出具的，但为了明确双方的责任，最好还是分开来写。这样做也是为了督促药店进行自我反省。

最后，我提醒院长，最好将这次的情况整理成书面材料，向当地的药剂师协会和保健所报告。

咨询结束后，A院长当晚便带着点心等慰问品前往患儿X家中拜访，亲手将道歉信交给患儿的母亲，另外还将治疗费、来往医院的交通费，以及当天对方请假陪同造成的误工费等一并退还。

对于A院长的突然来访，患儿的母亲感到非常意外，连声客气地说"麻烦您专程上门探望，实在不好意思"。患儿X也很开心，看上去精神气十足。最后，患儿的母亲还表示："今后也请您多多关照这个孩子。"

纠纷的教训

墨守成规的应对只会适得其反

一般来说,"决不能给患者书面保证""不要用钱解决问题"是应对医患纠纷的铁则。不过,这些铁则针对的是"一般情况"。对方若是恶意闹事,按照常规方式处理完全没有问题。

然而,这次的情况有所不同。从 A 院长的描述来看,尽管发生了纠纷,但患者的母亲和 A 院长之间的信任关系依然存在。患者的母亲从小就在 A 诊所就诊,全家人对于 A 诊所都有较高的信任度。考虑到这些情况,倘若诊所表示"无法提供书面材料",双方的信任关系可能会因此产生动摇。并且,在这个案例中,医疗机构存在明显过错,理应承担经济责任。

面对实际发生的医患纠纷,不能盲目对照工作手册生搬硬套。诚然,应对医患纠纷要坚守基本原则。但原则终究停留在理论层面,在实践中,要根据患者的实际情况、纠纷发生的状况和背景来综合考虑对策,这一过程是必不可少的。请大家务必牢记,抛开综合考虑的过程,机械性地按照"发生 A 就做 B"的方法来处理问题是极为危险的。

通过 SBAR 解决纠纷的流程

S 情况（Situation）

因患儿感冒咳嗽不止，诊所开具了止咳药品处方，结果患儿的母亲联系诊所说患儿服药后出现了嗜睡症状。院长承认是开药过量所致，诚恳道歉，并采取措施消除药物影响。当诊所提出承担治疗费用时，患者要求出具书面材料。

B 背景（Background）

外部的药店本应检查出处方有误，但药剂师以警报声太吵为由，关闭了检测异常值的警报器，忽略了医生的笔误。

A 分析假设（Assessment）

医生和药剂师的双重检验失灵，保护机制完全没有发挥作用。医疗机构存在明显过错。矛盾是否会加剧，取决于医生和患者之间的信任程度。根据我的判断，患儿的家长比较冷静，双方依然保持着信任关系。

R 解决方案（Recommendation）

诊所和药店分别出具书面材料，写清楚事情的经过和今后的改善措施，交给患儿的母亲。涉及医患纠纷时，原则上不写书面材料，不提供书面保证。但在这次的事例中，医方应负全部责任，因此另当别论。

从实例中学习纠纷解决术 6

医院漏诊癌症，家属怒不可遏

数量虽然不多，但至今仍有人咨询与癌症漏诊相关的问题。尽管有些案例最终发展为医疗纠纷，但不能完全定义为医疗过失，处于"灰色地带"的案例其实不在少数。

接下来要介绍的纠纷案例虽然并未彻底解决，但或许能给大家带来一些启示，引发大家的思考：倘若遇到类似的纠纷，医疗机构应该怎样应对？

纠纷概要

院长未能及时发现癌症

这次的求助者是 A 诊所的 A 院长，诊所位于大阪周边县，主营内科和小儿科。患者 X 是一位 60 多岁的女性，从 3 年前开始就在 A 诊所看病。

大约 4 个月前，患者主诉"有咳嗽症状"，在 A 诊所进行了X光检查，但并未发现异常，A院长便开了抗菌药物处方。过了3个月，患者的咳嗽症状还是断断续续地反复出现，身上也起了少量的疹子。由于X本身就有过敏源，而且当时正处于感冒的高发期，因此A院长维持了原来的治疗方案。

几周前，X对A院长说："我想去大学附属医院看一下，麻烦您开个介绍信。"对于A院长的诊疗，X本人似乎很满意，但患者的丈夫Y坚持"还是要去大医院好好检查一下"。院长就给X开了介绍信，X有些不好意思，还向院长表达了歉意。之后，X便去了院长介绍的大学附属医院就诊。

然而，事情的发展出乎A院长的意料。经过大学附属医院主治医师的检查和诊断，X竟然查出患有肺腺癌。几天前，X的丈夫Y突然只身一人来到A诊所。一见到A院长，他就怒斥道："4个月前你不是还说我老婆'什么问题都没有'吗？怎么短短4个月就变成这样了？肯定是你们漏诊了吧？"

据Y所说，X目前属于肺腺癌Ⅳ期。A院长被对方咄咄逼人的气势压倒，再加上持续遭到对方长达四五十分钟的控诉，A院长的内心彻底被击溃了。束手无策之下，他给我打电话咨询。

我建议A院长先向大学附属医院确认具体的诊断情况。A院长立即与大学附属医院的主治医生取得了联系，结果确如Y

所言，为肺腺癌Ⅳ期。

尾内解决术

接受事实，真诚应对

听完 A 院长的陈述，我给出了以下四点建议。

第一，X 患有肺腺癌是事实，理应向对方致歉："作为医生，在诊断过程中没能及时发现病情，我感到万分悔恨，实在对不起。"然后，向对方表示"今后如果有自己帮得上忙的地方，一定义不容辞"。

第二，向 X 的丈夫 Y 详细说明 4 个月前拍摄的 X 光片和血液检查结果，再次解释当时得出患者"并无大碍"这一诊断结果的前因后果。

第三，联系 A 院长所属的县医师协会。这次的纠纷是否存在医疗过失，现阶段还不清楚。尽管院方可以主张"4 个月前的时间节点并不存在癌症的漏诊"，但从患者的病情变化中未能及时发现癌症，很有可能导致院方被追究责任。正因为如此，将医师协会的医师赔偿责任保险考虑在内，尽早与医师协会的医疗纠纷负责人取得联系无疑是关键。

以上建议已经大大减轻了 A 院长的心理负担。

最后，这场纠纷的实质性爆发将出现在患者病情恶化或回天乏术之时。这一点必须格外留心。因此，尽可能积极地协助 X 进行治疗，努力改善 Y 对自己的印象才是最重要的。

A 院长迅速按照我的建议采取了行动。将患者的丈夫 Y 请到医院，首先就自己作为医生却未能及时察觉肺腺癌一事，郑重向对方致歉。接着认真细致地说明了诊疗的经过。但是，Y 并没有接受院长的解释。据说在 A 院长说话的过程中，Y 一直怒目而视。在 Y 看来，大概已经认定"无论怎么辩解，都无法改变未能发现癌症的事实"。最后，Y 语气强硬地留下了一句："从现在开始，为了我妻子，你必须尽心尽力。"

Y 的怒火无法轻易平息，倘若 X 最终不治而亡，恐怕 Y 将更加怒不可遏。不过，A 院长也只能拿出诚意，竭尽全力提供帮助。

纠纷的教训

切记"先入为主"的可怕

这次的纠纷并未完全解决，不知道今后会出现什么样的状况。A 院长痛感自己的责任，似乎已经做好了"为 X 竭尽所能"的心理准备。现在唯有祈祷 Y 能够感受到 A 院长的心意。

在这个案例中，颇为不巧的是，X 因为咳嗽的症状来就诊时，正是感冒患者较多的季节。而且，X 性格较为内向，平时看病时也鲜少主动表达自己的症状，常常把"拖延了治疗时间，非常抱歉"挂在嘴边。面对这种保守内向的患者，倘若医生的沟通能力不强，就无法获取诊断所需的信息，否则会像这次的案例一样，很容易出现误判。

诊疗需要患者和医生共同完成。患者提供的信息是确定诊疗方案最关键的一环。在这个案例中，除了问诊时收集的信息不足之外，肺腺癌在初期阶段极难发现的特性，以及前来就诊的患者大多是感冒等因素，导致患者发出的"咳嗽不止"的信号被完全抹杀。由此可见"先入为主"的诊断是何等可怕。

通过 SBAR 解决纠纷的流程

S 情况（Situation）

院方维持原来的治疗方案，给主诉"持续咳嗽"的患者开了抗菌药。患者提出"想去大学附属医院检查"，院方出具了介绍信。结果检查发现患者是肺腺癌Ⅳ期。患者的丈夫对院方漏诊癌症表示强烈抗议。院长已经承认错误并郑重致歉。

B 背景（Background）

患者性格较为内向，不会刻意强调自己的症状。肺腺癌这种疾病在初期阶段很难发现，从 X 光检查和血液检查结果也看不出征兆。

A 分析假设（Assessment）

院长先入为主，认为是"普通感冒"。未能及时发现癌症是事实，患者丈夫的愤怒也在情理之中。当患者病情恶化或医治无效时，患者丈夫的愤怒才会彻底爆发。

R 解决方案（Recommendation）

院长再次对自己的疏漏郑重致歉，并向患者的丈夫详细说明诊疗过程，尽量争取对方的谅解。另外，对于患者今后的诊疗，医院承诺尽可能地提供帮助。最后，还要考虑使用医师赔偿责任保险，提前咨询医师协会的负责人。

从实例中学习纠纷解决术 7

发生紧急事态！
院长打来电话"求救"

据我了解，医务人员遇到患者暴力行为的概率比过去更高。救护车不定时送来的形形色色的急诊患者自不必说，无论是住院还是门诊，所有的诊疗科目发生患者暴力行为的危险指数都在持续上升。

接下来要介绍的，是一起在与暴力看似无缘的眼科诊所发生的暴力冲突。乍一听，大家或许认为事件的起因是医疗机构存在过错且未进行妥善处理，但暴力行为的导火索其实并非如此。当多方面的因素累积，超过了临界点，便以暴力的形式表现出来。

⚡ 纠纷概要

一句无心之言激怒患者

"快、快救救我！我好害怕，实在是太可怕了！"

事情的开端是在大阪市内开办眼科诊所的 A 院长（女性）打来的电话。刚一接起电话，耳边就传来 A 院长凄厉尖锐、焦急万分的声音。我听见院长的身旁似乎还有人在大声叫嚷。

虽然不知道具体情况，但院长当时好像是一边拿着手机一边小跑的状态。不，准确地说应该是正在被人追赶的状态。追赶院长的似乎是某位患者。由于情况紧急，我决定稍后再仔细询问缘由，当下要求 A 院长："马上报警，让警方尽快赶过来。务必逃到安全的地方。"

没过多久，警察就赶到了现场。看到警察，患者非但没有平息，反而更加激动，甚至向警察挑衅。之后，院长和患者一同前往附近的警察署，接受了问询。在去警察署之前，A 院长再次给我打来了电话。我便借机详细询问了纠纷的经过。

对院长纠缠不休的患者名叫 X，男，今年 58 岁。经附近的综合医院介绍来到 A 院长的诊所，今天是第二次就诊。症状主要是麦粒肿（在关西俗称"针眼"）。X 为外国籍，目前领取低保生活。在交谈的过程中，院长发现患者的日语水平也有限，针对自己的说明，不知道对方听懂了多少。

由于 X 的麦粒肿形成的脓包较大，A 院长便给他上了麻药，先用针刺破患处，再切开小口排脓。这属于眼科的常规治疗，术后内服抗菌药或滴眼药水即可痊愈。X 第二次来就诊时，A院长检查了术后的恢复情况，并无任何异常。然而，在A院长无意中嘟哝了一句"角膜的位置有一点伤口"之后，X突然表现得十分激动，怒不可遏，并且还有愈演愈烈的趋势。随后X拿出手机，不知向谁打电话求援。

过了一会儿，X的长子便赶到了诊所。对方今年34岁，身材相当魁梧。X借势愈发盛气凌人。一名女员工被长子打中了头部，梳好的头发都散开了。院长感到自己的人身安全受到了威胁，便向我打电话求助，之后按照我的建议报了警，这就是事情的大致经过。

"我该怎么跟警察说呢？"

A院长第二次打电话来时问了这个问题，我按自己的思路提供了以下建议。

尾内解决术

分析原因，冷静地回顾事实

警方应该会询问"为什么会发生这种事？"。回答这个问题的关键在于，院长要在一定程度上弄清楚原因，简明扼要地传达事情的经过。现在，A院长或许会有些忐忑不安，产生"怎么会变成这样，真是莫名其妙"等困惑，越是这种时候，

第 2 章｜高难度医患纠纷的应对方法

越要认真分析原因，站在医生的角度冷静客观地回顾事实。

从目前掌握的信息来看，X 很有可能曲解了 A 院长关于"角膜的位置有一点伤口"的说明。据说 A 院长平时在为患者进行诊疗时，会把发现的任何问题都告知患者，并以此为自己的诊疗原则。但实际上，A 院长这种做法的结果很可能适得其反。或许 X 误以为上次治疗麦粒肿时伤到了自己的眼角膜，但 A 院长对此竟然表现得若无其事，完全没有认错道歉的意思，为此才勃然大怒的吧。

确实，如果医生在初诊时什么都没说，复诊时却告知患者"角膜有伤口"，那么对方很有可能误以为"伤口是医生处理不当造成的"。角膜损伤其实很常见，干眼症或用力按揉眼部等都有可能造成，但院长还没来得及解释，对方就已经发火了。

因此，在向警方说明原委时，首先要简明扼要，讲清楚前因后果。X 因为治疗麦粒肿来院就诊，排脓处理很顺利，在告知患者 X "角膜处有细微伤口"时，对方可能误以为是"上次治疗处理不当造成的"，X 的日语水平有限，情绪激动之下叫来了自己的长子，长子殴打了诊所的一名工作人员。

其次，对员工施暴是绝对不允许的。暴力行为属于犯罪。身为受害者，起诉与否虽然取决于员工的个人意愿，但最重要的是，院长不能产生"涉及患者的话，还是大事化小比较妥当"等想法。当然，A诊所今后也无须为X提供诊疗。可以请患者回原来的综合医院就诊。

我把临时想到的这几条建议告诉A院长，对方都欣然接受了。按照我的建议，A院长简洁地向警方描述了诊疗过程，以及X可能是误解了自己的话而勃然大怒等猜想。

警方负责人对此深表同情，对院长说："你当时一定很害怕吧。"警方的调查结果正如我所料，X误解了A院长的意思。最终，由于A院长和遭受暴力的员工都没有起诉，X和他的长子也都没有被问罪，但据说警察对他们进行了严厉斥责。

纠纷的教训

站在患者角度考虑问题

深究引发此次纠纷的原因，不难发现根源在于医生和患者之间的沟通不到位。说不定，即使患者的日语水平没有问题，依然有可能发生纠纷。

有一点值得注意，A院长坚持"将发现的所有问题告知患者"的观点是否妥当。诚然，医生的行医理念各不相同，我也不打算对院长的诊疗基本方针逐一加以评判。不过，在实际诊疗中，希望大家不要将发现的问题不假思索地告知患者，而是先站在患者的角度，想一想"对方（患者）听了会是怎样的感受"，再适当地将信息传达出去。说话人需要换位思考，从听话人的角度进行一次过滤，那么说话时自然就会考虑到对方的感受。作为一名医生，只言片语都具有极大的影响力，务必要养成三思而后言的好习惯。

通过 SBAR 解决纠纷的流程

S 情况（Situation）

在治疗麦粒肿时，院长发现并告知患者"角膜有伤口"，患者闻言勃然大怒。随后患者打电话叫来自己的长子，因其长子对诊所的员工施暴，院长立即报了警。患者及其长子被警方带走，院长也一同前往，向警方说明原委。

B 背景（Background）

患者为中国籍，日语水平有限。可能误解了院长所说的内容。

A 分析假设（Assessment）

患者的愤怒源于对院长发言的误解。听到院长说"角膜有伤口"，患者误以为是"院长在治疗时处理不当所致"。并且，院长还没来得及解释，患者的愤怒情绪就已经爆发，到了无法阻止的地步。

® 解决方案（Recommendation）

由于警方的介入，患者的误会已经解除，纠纷得以解决。但是，院长这种未经深思熟虑，想到什么就脱口而出的性格往往容易造成误解。特别是在告知患者负面信息时，要格外注意。

从实例中学习纠纷解决术 8

接到"被员工虐待"的投诉该怎么办？

日本是老龄化社会。其影响也波及了医患纠纷的内核。阿尔茨海默病患者引发的纠纷明显增加则是其中的典型表现之一。这里所指的并不是为治疗阿尔茨海默病而前往医疗机构就诊的患者，而是因为其他疾病去就医或住院，结果发现疑似患有阿尔茨海默病的患者。医疗机构和护理机构虽然在教育、研修等方面下了很大功夫，但在处理疑似阿尔茨海默病患者的问题上还存在短板。这里再举一个疑似阿尔茨海默病患者所引发的纠纷案例。

纠纷概要

入住者的长子索要和解金

"我想向您咨询一件事。我们养老机构入住了一位名叫 X

的高龄女性。X 的长子 Y 声称'我母亲（X）遭到了员工的虐待'，并向政府部门进行了投诉。当然，他所说的绝非事实。为此，政府的监察部门也介入了。目前我们虽然没有受到任何处罚，但入住者的长子却要求我们支付和解金。这可怎么办呢？"

大阪府邻县 A 医院的 B 事务长打来了这样一通电话。我与 B 事务长素未谋面。他听说过我的传闻才打来电话咨询。出现"虐待"这个词，说明事情并不简单。为了弄清楚其中的关键点，我仔细询问了 B 事务长一些问题，例如医院与入住者及其家属发生了怎样的纠纷、"虐待"是否是入住者的误解、对方是否是恶意投诉，等等。

A 医院是一家以提供老年人医疗服务为核心的医疗机构，同时推出了老年护理业务，院内配设有老年人保健设施，另外还运营上门护理站、日间服务、上门护理事务所等多项业务。

X 是一位 70 多岁的独居女性，一年前因脑出血而病倒。虽然在急性期医院进行了治疗，但因出现左半身麻木、吞咽功能障碍、脑高级功能障碍等问题，便转到了有恢复期康复病房的医院。经由恢复期康复医院的介绍，入住了这家养老机构。

X 刚刚入住时，机构的医护人员就发现需要对她进行格外关照。X 的护理级别为 4 级，入住期间表现出不愿听从医护人员的指示，常常拒绝进行康复训练等现象。或许是脑出血的后遗症导致了脑功能障碍，X也很难顺利地与人交流。

另外，在对X进行HDS-R（改良长谷川简易痴呆量表）测试时，满分30分，但她只得了10分。测试结果低于20分时，通常可以认为"疑似患有阿尔茨海默病"。

X的长子Y及其妻子一起投诉老人遭到虐待，发生在X入住两周后。前往机构看望X时，Y以有话要说为由，把B事务长叫了出来，语气强硬地提出质疑。

"我妈总是说自己'害怕''好痛'之类的话，你们对我妈做了什么？我在电视上看过，有些机构会对不听话的老人或患者施加暴力。你们这里是不是也虐待老人了？"

"怎么可能有暴力虐待……"B事务长虽然想辩解，但被Y夫妇的气势彻底压制。当Y提出"那我母亲为什么会说'害怕'呢"的质疑时，B事务长一时语塞，支支吾吾地说不出话来。尽管如此，他还是勉强挤出了一句："我们会进行调查的，能给我们一点时间吗？"让Y夫妇当天先回去了。之后，B事务长询问了相关人员，但并未发现对X施加暴力等情况。

三天后，B事务长给Y打电话告知了此事。结果，Y气势汹汹地说："听说你们机构的员工到处散播我们夫妻俩的坏话。"

这件事我们已经找律师咨询了,也向市里的相关部门投诉了你们。"

数日后,政府部门的负责人便联系了机构,说接到了该机构存在虐待事件的举报,为确认情况是否属实,将对机构进行监查。之后的两天里,政府部门征询了事务长、护工、理疗师、作业治疗师等人的意见。虽说是为了调查情况,但Y夫妇以监查的事实为由,认定"政府部门也认定你们有虐待的嫌疑。我们反映的情况属实",每次来机构都表现得咄咄逼人。

当时,Y用响彻整个楼层的声音怒吼道:"我妈不是说肩膀痛吗?你们赶快给她贴膏药啊。她说头痛你们也不管吗?立刻通知你们的负责人,让他明天务必打电话告诉我有没有处理好。如果不按照我说的做,下次我就要报警了。毕竟你们机构虐待肆意横行。听好了,别忘了每天都要给我妈贴膏药。"

负责接待的护士慌乱地答道:"负责人明天休息,不知道能不能联系上。"Y激动地大声吼道:"少废话,明天必须给我答复。听明白了没有?真是个没礼貌的家伙。"B事务长实在看不下去了,提醒Y说:"请不要大声喧哗,会打扰其他入住者。"Y却语气不善地反驳道:"就因为你们是这种态度,我才会大声说话。母亲遭到虐待,作为子女会是怎样的心情你们想过吗?"

机构方面认为，X 总是念叨着"害怕、吓人"，可能是患有阿尔茨海默病的缘故。于是想方设法说服 Y，带 X 前往精神科诊所就诊。然而，仅凭一次诊断很难得出阿尔茨海默病的结论，而且 X 还有脑高级功能障碍等问题，抗焦虑药物的使用也需格外慎重，因此 X 的焦虑症状并未得到有效缓解。

在此期间，Y 开始向 B 事务长提出和解的条件和支付金额。对方提出的和解条件有两个：（1）承认虐待老人的事实；（2）支付 90 万日元以上的和解金。"如果不接受我们的条件，我们绝对不会离开，"对方还扬言道，"刚才母亲的朋友打来电话，说我们应该待到结果出来为止。那个朋友可是右翼分子。"据说在养老机构和 A 医院的管理层之间，"如果 90 万日元能够息事宁人的话，还是付了吧"的意见逐渐成为主流。

B 事务长一筹莫展，给我打了电话，这便是事情的大致经过。

尾内解决术

毫不犹豫地拒绝

听了 B 事务长的话，我了解了大致情况。针对康复训练，入住者 X 为什么会说"害怕"或"好痛"，目前还是个谜。机构考虑到阿尔茨海默病的影响，让 X 去精神科诊所就诊，我认为是正确的判断。但遗憾的是，诊断结果并不符合预期，这一点或许是机构失算了。

不过，根据 B 事务长的描述，养老机构在细节上或许还有一些需要改进的地方，但不能认定其有赔偿损失的过错。的确，X 的情绪非常不稳定，想让她主动进行康复训练是相当困难的。按照我的猜测，换尿布时改变姿势、坐轮椅时稳住后脑勺等动作，都很有可能给对方带来恐惧。另外，医护人员强调"最好进行康复训练"的劝告，对 X 来说可能产生"强迫自己做不喜欢的事＝害怕"的感受。

不管怎样，X 的长子 Y 的行为已经远远超出了投诉的范畴，是一种显而易见的"要挟"。政府部门接到 Y 提出的"母亲在养老机构遭到虐待"的举报后，对机构进行了监查，Y 却误以为确有其事，并以此为由，提出了更过分的要求。然而，"接受监查＝虐待属实"的等式并不成立。既然事后没有受到处罚，对于养老机构而言，反倒可以视为不存在过错的证据。

话虽如此，接受政府部门的监查也绝对不是一件光彩的事。Y 可能是看穿了这一点，才故意出言恐吓。再加上对方还暗示"不满足要求就不离开""有右翼朋友"等，这就意味着对方已经越过了"底线"。所谓"底线"，是判断对方（包括入所者的家属）是否存在恶意的分界线。既然已经越过了底线，就没有必要再将对方视为善意入住者家属的身份来应对。

问题的处理方针就此确定。也就是说，对于 Y 的无理要求，必须据理力争，果断拒绝。

不过，A 医院和养老机构仍然存在部分主张"息事宁人"的论调。其实，即使支付 90 万日元，问题也未必能够彻底解决。一旦院方表现出这种软弱的态度，"那家机构情愿花钱买太平"的说法就会传开，更多的恶意投诉者可能就会闻风而来。当下如果敷衍了事，麻烦会在事后加倍甚至三倍返还。因此，我建议 B 事务长先向对方表明态度："非常抱歉给 X 造成不快，关于这一点，我们会进一步改善护理方式和服务水平。但由于不存在虐待的事实，我们不会支付和解金。"

第二个着眼点在于，这个家庭与养老机构之间的信任关系已经破裂。因此，机构应该做出难以继续为 X 提供护理服务的判断。对于出言威胁的入住者家属，机构方面没有必要忍气吞声。面对恐吓自己的人，有什么必要犹豫呢？最好要求 Y 夫妇立即带着 X 离开。幸运的是，X 的身体状况也没有坏到需要紧急治疗的程度。因此，我建议机构告知 Y 夫妇："既然双方关系已经破裂，本机构很难继续为患者提供护理服务。员工们也不堪其扰，身心俱疲。我们会介绍其他机构，你们可以办理转院吗？"以此暗示对方机构方面的业务出现阻碍，并提出转院这一折中方案。

在给出以上建议后，B事务长说"非常感谢。这样我们就能下定决心了"，便挂断了电话。对于A医院和养老机构管理层"轻易用钱解决问题"的态度，B事务长本就心存疑虑，听了我的建议后，他更加坚定了自己的想法，决定以强硬的态度回应。

几天后，B事务长与Y进行了面谈。面对B事务长毅然决然的态度，Y似乎感到困惑不解。虽然发生了一些争执，但机构方面已经明确向Y表示不会支付和解金。之后，据说和解金的问题便未再提及，目前双方交涉的重点集中在转院上。

纠纷的教训

医疗机构人为增加了解决纠纷的难度

数日后，政府部门将监查结果口头告知了养老机构。内容是"无法确认是否存在身体虐待的事实，也无法判定心理虐待是否属实"。虽然这一说法有些含糊不清，但一言以蔽之，就是没有发现虐待事实。尽管问题已经基本得到解决，但这样一来，Y作为依据的"接受监查=虐待属实"的逻辑就彻底崩溃了，让Y无从反驳。

不过，这次的纠纷也有需要反思的地方。主要体现在除了脑高级功能障碍的患者之外，养老机构对疑似阿尔茨海默病患者的接收体制是否健全这一点。机构有必要再次确认并加以改善。

另外，机构管理层希望用钱尽快解决问题的想法也不可取。养老机构（医疗机构）只要出现任何一点漏洞（例如用钱解决问题的态度），那么原本可以简单解决的问题一下子就会复杂化，人为导致纠纷难度升级。希望医疗机构和护理机构的经营管理者在处理医患纠纷时，要特别注意这一点。

通过 SBAR 解决纠纷的流程

S 情况（Situation）

政府部门联系养老机构说"收到入住者家属的举报，称遭到员工的虐待"。继而对机构进行了监查，入住者家属的态度因此变得盛气凌人，作为和解条件要求机构赔偿。

B 背景（Background）

入住者在接受康复训练时，经常抱怨"害怕""好疼"，其长子便投诉机构存在虐待行为。长子想让机构方面承认虐待的事实，要求支付赔偿金。对方的言论甚至还有威胁的意味。

A 分析假设（Assessment）

入住者情绪变化剧烈，可能患有阿尔茨海默病。改变姿势或坐轮椅时，或许会让对方感到害怕。然而，入住者长子在机构里旁若无人的骚扰言行也是不可取的，机构方面既然没有过错，就不需要道歉，也无须支付赔偿金。

R 解决方案（Recommendation）

与入住者的长子面谈,明确告知对方机构不存在虐待的事实,拒绝支付赔偿金。将转到其他机构作为前提,以强硬的态度进行交涉。不过,针对疑似患有阿尔茨海默病的患者,机构方面的接收体制也需要进一步改善。

从实例中学习纠纷解决术 9

劝告赖在医院不走的患者

接下来要介绍的是一位长期拒绝出院的医患纠纷实例。尽管患者的身体状况已经符合出院条件,但患者本人或其家属却拒绝出院的情况时有耳闻。或许患者确有不能回家的苦衷,但对医院来说,让无须住院的患者长期赖着不走必然是不行的。

倘若对这类患者听之任之,对方可能会提出更过分的要求。不仅对其他患者没有好处,占用病床还会影响医院的运营。如果患者不遵从医嘱拒绝出院,院方该如何应对呢?我们可以通过实际案例来详细了解。

纠纷概要

拒绝母亲出院,儿子化身投诉狂

"我和一位高龄住院患者的儿子发生了纠纷,不知道怎么办才好。我们判断患者已经没有住院的必要,但患者的儿子却拒不接受。不仅如此，自从口头劝告对方办理出院以来，他对医院的不满和抱怨就变得格外激烈。最近，有的员工甚至被他纠缠不休，在病房承受他单方面的指责，长达数小时之久。有什么办法能让这个病人出院呢？"

打电话来的是位于大阪的 A 康复医院的 B 事务长。A 医院周边还有其他几家医院，经营主体相同。此次引发纠纷的患者名叫 X，女，今年 80 多岁，是从同一集团的其他医院转过来的。患者的儿子 Y 今年 50 多岁，是一家中小企业的经营者。我决定先向 B 事务长了解详细情况。

患者 X 意外跌倒，导致大腿股骨转子骨折。在同一集团的其他医院接受手术后，于 2 个月前转到 A 医院做康复训练。患者后续的康复治疗非常顺利，到了这个月，医院方面在向患者的儿子 Y 说明今后的住院计划时，告知对方最多还有 1 个月就可以出院了（实际上，患者当时基本可以出院了，定期前往医院治疗即可）。

然而，自此之后，Y 的态度就完全发生了改变，动不动就找医护人员的麻烦。在此之前，Y 并没有流露出任何抱怨或不满，因此 Y 的变化让医护人员都感到十分不解。从 Y 投诉的内容来看，大多是对同一集团的另外那家医院的处理方式表示不满，对于 A 医院，Y 则反复抱怨道："康复训练的次数和效果都不尽如人意,现在这个阶段让我母亲出院是不可能的。你们这也太不负责任了。"一旦被 Y 纠缠,就要忍受对方长时间的指责,医护人员都开始对 Y 敬而远之。

数日前,医院方面口头告知 Y 患者无须继续住院,希望他办理出院手续,但 Y 以"康复训练效果不佳"为由拒绝了。经过住院治疗康复后,患者及其家属通常会表示感谢。但这次的患者明明恢复得很好,却遭到家属的指责,对医院来说,这实在是不合常理。B 事务长忍无可忍,打电话来找我商量,这便是此次纠纷的大致情况。

尾内解决术

以"不惜采取法律手段"的强硬态度应对

听了 B 事务长的话,让人感到颇为不可思议的是,Y 为何不希望母亲出院。但具体原因最终还是不得而知。恐怕是家里有什么事情,即使为母亲办理出院也无法接到家中照顾。当然,就算知道原因,作为医院也不必同情 Y。只要医院做出无须继续住院的判断(当然,前提是医生的诊断无误),患者就有义务遵从。

顺便一提,岐阜县某医院为了让住院患者出院,曾向法院提起诉讼，当时的审判判决明确了这一点［岐阜地方法院平成十八年（WA）第238号、平成十九年（WA）第264号］。伴随住院产生的诊疗契约属于私法契约，目的是利用医院为住院患者提供的设施设备，尽力治疗患者，使患者的病情恢复，直至无须住院为止。因此可以理解为，当医生诊断认为患者的病情已经缓解，并据此代表医院向患者表示可以出院时，只要医生的诊断是合理的，伴随住院产生的诊疗契约就会终止，患者有义务尽快离开病房，办理出院。

这次的案例也完全适用这一点。A医院符合"诊断结果显示无须住院，并向患者明确表示可以出院"的条件。从B事务长的描述来看，A医院的诊断也并无不合理之处。因此，A医院和患者X的住院诊疗契约就此终止，患者应尽快办理出院。

基于上述情况，我按照自己的想法给B事务长提出了以下建议。首先，Y存在明显的扰医行为，A医院完全没有过错，因此不能以对待普通患者或家属的态度面对Y，而要采取危机管理模式来处理。患者X既然完全满足出院标准，在某种程度上，可以采取较为强硬的措施。

Y可能认为，从医院过去表现出的态度来看，只要自己不让步，即使是不合理的要求也能得到满足。为了打破这种不切实际的念想，医院方面必须表现出毅然决然的态度。具体可以通过医院的顾问律师，寄送双挂号的律师函等方式，再次劝告对方出院。针对Y拒不配合的做法，明确表现出不惜采取法律手段的强硬姿态，或许能够改变Y的态度。

倘若在收到双挂号的律师函之后，Y依然拒绝出院，就要走法律程序了。不过我想应该不会走到这一步。

B事务长采纳了我的建议，逐一认真执行。结果，Y一改之前的顽固态度，同意为X办理出院。据说当时，就如何完善患者出院后的系统护理，医院还为其进行了细致的解答。

纠纷的教训
传家宝刀要在关键时刻亮相

Y应该没有想到，对于自己的扰医行为，医院方面竟然会请来律师。但即便如此，并不是所有的医患纠纷都能委托律师全盘解决。是否需要请律师取决于纠纷的矛盾点，从数量上看，"不适合"请律师的情况占压倒性多数。总而言之，医疗机构最好在涉及诉讼或必须采取法律手段时，再请律师出面协助。传家宝刀要在关键时刻亮相。

通过 SBAR 解决纠纷的流程

S 情况（Situation）

住院患者的身体状况恢复良好，无须继续住院，但在院方实际要求患者尽快出院时，患者的家属（儿子）态度骤变。不仅强烈反对患者出院，还动不动就向医护人员发泄不满。一旦被对方缠上，就会耽误很长时间，严重影响医护人员正常工作。

B 背景（Background）

或许是出于无法在家照顾患者等原因，家属不希望患者出院。患者的儿子声称是"医院不负责任"，但医院方面并无任何过错。

A 分析假设（Assessment）

患者及家属即使出于某些原因不愿意出院，也不能因此赖在医院不走。伴随住院产生的诊疗契约属于私法契约，目的是尽力治疗患者，使患者的病情恢复，直至无须住院为止，当医生诊断患者可以出院时，患者必须遵从。

R 解决方案（Recommendation）

通过律师给患者的儿子寄送律师函。向对方明确表现出毅然决然的态度，倘若对方拒不出院，医院方面将不惜采取法律手段。

从实例中学习纠纷解决术 10

迫于患者无理要求
而进退两难的院长

任何诊疗科目都有可能与疑似精神病患者产生纠纷，但近来，精神科和心理科的咨询变得特别多。在与咨询对象共同思考的过程中，绝大多数纠纷都能找到解决的途径。本节将围绕近期发生的纠纷案例，思考解决方法和相关课题。

⚡ 纠纷概要

院长情急之下答应了患者

这次的咨询对象是大阪府 A 医院的 B 事务长。A 医院主营精神科和心理科。引发纠纷的患者名叫 X，男，今年 44 岁，是一名公司职员。X 过去也曾在 A 医院就诊过，几天前因工伤申请再次来到 A 医院。

X 说："我们公司没有 7 号样表，请务必帮我填写 5 号样表申请单。"

5号样表指的是"用于疗养补偿的疗养给付申请单",申请人在工伤指定医疗机构接受治疗时需要向该机构提交。7号样表则是指"用于疗养补偿的疗养费用申请单",申请人在非工伤指定医疗机构接受治疗时需要向劳动基准监督署提交。

A医院不是工伤指定医疗机构,因此无法为患者填写5号样表。一开始,A医院也是这样向患者解释的。然而,X却执拗地说:"为什么不能填写呢?非指定机构和指定机构难道会有不同的判断吗?能不能想办法和劳基署打声招呼?"由于X执意要求填写,而且对方从3年前开始就来A医院看病,关系并不陌生,再加上后面还有很多患者在等待治疗,尽管不可能办到,但A院长还是答应了X的请求。似乎是被对方的气势压倒而无法开口拒绝。因为填写表格需要时间,因此A院长决定趁对方下次来医院时再交给他。

如果以A医院的名义填写5号样表并提交给劳基署,后面必然要面临劳基署的问询和督办。A院长也深知这一点。因此,结束当天的诊疗之后,A院长便与B事务长商量对策,先让B事务长给X所在公司的健康保险工会打了电话。结果却发现了意料之外的事实。

患者X声称"公司没有7号样表",但据公司方面解释,不存在这样的情况。也就是说，X 要么无视了公司的意向，要么没有正确理解 5 号样表和 7 号样表的具体要求。至于 X 为何执着于 5 号样表，不仅是我，A 院长、B 事务长、健康保险工会的负责人也都百思不得其解。

公司的工伤负责人反过来请求 B 事务长说："请务必转告 X 提交 7 号样表。"在此过程中，B 事务长给我打电话咨询，这便是纠纷的大致经过。

尾内解决术

简单应对，坚决说"不"

为了获取患者 X 的详细信息，我又追问了 B 事务长一些问题。从中得知，X 被诊断为"精神压力引起的自律神经失调症"，但 3 年前对方初次就诊时，病历上写的是"疑似抑郁症、精神分裂症"。疾病名称不知何时做了更改。这几年，X 的症状并没有好转的迹象。并且，X 以前还会定期去医院就诊，但最近却变得十分不规律。

从不同医生的诊断倾向来看，若患者的症状只停留在阴性反应的阶段，我想医生大多很难明确诊断为"精神分裂症"。特别是在公司工作的患者，应该既不想被人冠以严重的疾病，也不希望公司知道自己的病情吧。按照我个人的猜想，医生应该也会综合考虑患者的意愿、社会立场、价值观等因素，在确定疾病名称时予以关怀。

实际上，精神分裂症的发病周期很难判断。据我熟知的精神科医生介绍，或许正因为周期难以判断，精神分裂症才没有"潜伏期"的说法，一般会冠以"抑郁状态""自律神经失调症""神经官能症"等名称，忽略了精神分裂症的发病风险而没有及时用药的情况也时有发生。

上文也提到，X 为何执着于提交 5 号样表，谁都无法理解，这或许也是 X 病发所致。

基于这些信息，我向 B 事务长提出了以下建议。

庆幸的是，给付申请单还没有交给 X，医院要立刻与 X 取得联系，明确告知对方无法为其填写 5 号样表。此时，最好一并告知 X，已经和他工作的公司商量过了。据我推测，清除了外部障碍的话，X 或许就知难而退了。如果对方愿意接受医院的意见，可以提议将工伤补助金改为伤病补助金。

还有一点令人在意，那便是 X 今后的治疗。可以建议对方到检查设备完善的医院接受全面检查。我虽然不是医生，但作为一个外行，我认为应该检查清楚精神分裂症阴性症状的发展程度，并进行相应的治疗，尽管是班门弄斧，但我还是建议补充了这一点。

　　B 事务长很快就执行了我的建议。虽然 X 执拗地要求 A 院长填写 5 号样表，但在明确告知对方"本院无法处理，也和您的公司商量过了"之后，X 很快便打消了念头。另外，听说对方还决定不再坚持申请工伤，改为申请伤病补助金了。结果和预想的一样。

纠纷的教训

面对专家都束手无策的患者……

　　与患者 X 之间的纠纷虽然顺利解决，但 B 事务长跟我说："关于让 X 去做精密检查的建议要找机会再提。"确实，说话方式的不同可能会引发新的纠纷，没必要操之过急。

　　即使是精神科或心理科，在应对疑似精神分裂症的患者时，也会感到相当棘手。不难想象，出现此类症状的患者因其他疾病前往医疗机构就诊时，一旦产生纠纷，即使有专业知识，恐怕也无法避免现场的混乱。

通过 SBAR 解决纠纷的流程

S 情况（Situation）

前来申请工伤的患者求助道："公司没有 7 号样表申请单，请务必帮忙填写 5 号样表的给付申请单。"由于 A 医院并非工伤指定医疗机构，因此拒绝了患者的请求，但患者纠缠不休，院长无奈之下同意了。

B 背景（Background）

患者被诊断为"压力引起的自律神经失调症"，但在就诊之初，病历上写的是"疑似抑郁症、精神分裂症"。另外，患者的症状并没有好转的迹象。

A 分析假设（Assessment）

与患者所属的健康保险工会取得联系后，发现"公司没有 7 号样表"的说法不属实。由于不是工伤指定医疗机构，以 A 医院的名义填写 5 号样表提交劳基署，毫无疑问会面临劳基署的问询和督办。

(R) 解决方案（Recommendation）

迅速与 X 取得联系，告知对方医院无法为其填写 5 号样表，并且已经和 X 工作的公司（健康保险工会）协商一致。尝试建议对方将工伤补助金申请改为伤病补助金申请。

从实例中学习纠纷解决术 11

面对索要赔偿的患者，如何寻找双方的"妥协点"

"一位高龄患者冲着我们喊'你这个庸医！我耳朵出血了，你们要负起责任'，并要求赔偿损失。到底该怎么应对才好呢？"

打电话的是大阪市内 A 耳鼻科医院的 A 院长。一听到出血这个词，我就觉得肯定会涉及医疗过失。对于这类咨询，最重要的是正确把握治疗相关的客观事实关系。我打起精神，认真倾听 A 院长讲述的内容。

纠纷概要

清除耳垢后出血，被患者要求"赔钱"的院长

患者 X 女士，今年 73 岁。为了清除外耳道堵塞的耳垢，

前来医院就诊。

在此之前患者从未来过 A 医院。A 院长检查了 X 的耳部，发现两只耳朵都密密麻麻地塞满了耳垢，几乎看不到鼓膜。A 院长虽然感觉"有些棘手"，但由于之前积累了大量治疗耳垢栓塞患者的经验，因此心里还是很有把握的。

A 院长决定分两天为每只耳朵单独进行清理，先为患者清理了右耳。用耳镜、耳垢钳、引流管、小钩等工具，基本上帮患者完全清理干净了。第二天，X 再次来到医院，接受了左耳的治疗。左边的情况比较严重，耳垢紧紧地附着在外耳道上，清理起来很费工夫。在治疗的过程中，X 曾喊了两三声"好痛"，不过最后还是清理干净了。

据 A 院长介绍，由于老人和小孩儿的皮肤比较脆弱，去除耳垢时，偶尔会有出血的情况。考虑到这一点，治疗结束后，A 院长当即仔细查看了 X 的双耳，确认没有出血。X 也说了声"谢谢"就回去了。

然而，第二天上午，A 院长就接到了 X 打来的投诉电话。

"今天早上醒来，发现枕套上沾了血。我左边的耳朵流血了。头也晕乎乎的。都是因为你的医术不好才变成这样的。你这个庸医！必须负起责任来！"

X 的语气很激动，一个劲地抱怨。同样的话重复说了几次后，她向 A 院长提出了以下要求。

"我现在要去别的耳鼻科医院看病。没法相信你们了。都是因为你们胡乱治疗，我现在路都走不稳，你们得给我安排一辆出租车。"

迫于 X 咄咄逼人的气势，A 院长无奈之下答应了。安排了一名员工来到 X 的家，带她去 C 耳鼻科诊所治疗。A 院长与 C 院长本就相识，说明情况后委托 C 院长为其进行治疗。

第二天，X 再次来到 A 医院，要求见 A 院长。此番不是为了治疗，而是来索要赔偿的。A 院长说："让我们考虑一下，稍后一定会联系您的。"然后就让 X 先回去了。进退两难的 A 院长经过再三考虑，给我打了电话。这便是事情的经过。

尾内解决术

发现扭转局面的新情况

对于愁眉不展的 A 院长来说或许有些冒犯，但此类纠纷实属稀松平常，屡见不鲜。并且，在这次的案例中，患者虽然有少量出血的症状，但身体并无大碍，精神相当好，因此我感觉解决起来难度并不大。

问题的关键在于如何评判"患者遭受的损失"和"医生

方面的过失"。如果严重损害了患者的利益，而医生又存在重大过失的话，就必须支付相应的赔偿金。

的确，X在A医院接受治疗后，出现了流血症状。无论谁看到血都会吓一跳，心神不宁。紧接着，患者对造成这种情况的医生产生了愤怒情绪。再加上还要去别的医院看病，耽误了自己的时间。这些都是事实。

不过，我并不认为A院长的治疗有多大的问题。尽管程度上有所不同，但在耳垢栓塞的治疗中，少量出血的症状其实很常见。在这次的案例中，我们需要仔细分析患者和医生的具体情况，寻找双方的"妥协点"。

实际上，听了A院长的讲述，有一点让我很在意。那就是A院长一直没有和C耳鼻科诊所的C院长联系，了解相关情况。据A院长说是前一天太忙，还没来得及联系C院长。C院长做出了怎样的诊断，和X进行了怎样的对话，要想详细了解患者的情况，这些都是不可或缺的信息。因此，我让A院长立即给C院长打电话询问情况。1小时后，A院长再次给我打来了电话，说是在和C院长交谈时，发现了意想不到的事实。

C院长的诊断结果为"外耳道深处有细微伤口，出过血。伤口有可能是清除耳垢时留下的，一周左右就会好"。另外还进行了听力检查，没有发现异常。但是，在诊疗快要结束时，C院长在和X的谈话中得知，几个月前，X被诊断为轻度腔隙性脑梗死，目前正在服用华法林。C院长说，华法林会使血液难以凝固，因此清除耳垢后，患者持续出现少量出血的症状，甚至沾到了枕套上，可能是服用了华法林的缘故。

也就是说，清除耳垢后，外耳道上留下了一个小伤口，一般情况下，即使有少量出血，伤口也会很快凝血，但受到华法林药效的影响，伤口迟迟难以愈合。C院长向X说明了这一点，但对方答道："就算是这样，我耳朵还是伤到了吧？"

顺便一提，在A医院进行初诊时，X在挂号处填写的问诊单上完全没有提到服用过华法林。

那么应对方法就可以确定了。X虽然经历了伤口出血的痛苦，但很可能她当时的身体状况本就不易凝血。也就是说，X本人也要承担一定的责任。但是，A院长似乎对X的事耿耿于怀，考虑到这一点，我向A院长提出了以下四点建议。

第一，针对治疗后伤口出血的情况，再次向X表示歉意。第二，提出在X耳部的伤口痊愈之前，为其做详细检查。第三，直接向对方说明出血很可能是受到华法林药效的影响，倘若在问诊时对方如实告知，医院会采取更加谨慎的处理方式，例如让患者在家用药水冲洗几天，待耳垢软化后再清理。如果对方表示理解，第四点再来谈钱的问题。具体来说，要明确告知对方，A 医院和 C 耳鼻科诊所的治疗费由 A 院长承担（前往 C 耳鼻科诊所的出租车费已经支付），但不会支付赔偿金。

根据我的判断，A 院长并不存在严重过错，无须支付赔偿金。而且，X 的投诉似乎也并非出于"恶意"。要求医院支付赔偿金，有可能是被自己的出血症状吓到了，一时情急所致。但是，考虑到患者在治疗后确实有过不愉快的经历，加上 A 院长本人的意愿，建议由 A 院长承担此次治疗相关的所有费用，以此作为双方的"妥协点"。A 院长也同意了这个提议，并立即采取了行动。

两天后，A 院长请 X 来到医院，按照我的建议，传达了上述四点内容。出乎意料的是，X 似乎已经冷静下来，接受了 A 院长的提议。据我猜测，刚发现出血症状时，患者或许有些惊慌失措。恢复冷静之后，了解了华法林药效的影响，患者萌生了自己也有过错的想法，对 A 院长的责备也因此减轻了吧。

纠纷的教训

即使有过错，也切忌"言听计从"

在这个案例中，A 院长有一点需要反思。那便是刚开始听到 X 要求索赔时，认为自己"做错事"的想法过于强烈，以致对 X 言听计从。没有亲眼确认 X 的情况，就贸然将其直接介绍给其他医疗机构，说是不负责任也无可厚非。

X 确实说过"不想再让 A 院长给自己看病"，但即便如此，至少也要催促对方尽快来医院。如果 X 始终拒绝来医院，不得已之下再为她介绍其他医疗机构。

或许有人认为，既然最终采取的行动都是一样的，就算催促患者来到自己医院，结果也不会有任何改变。但是，从纠纷交涉的角度来看，我认为两者截然不同。

前者是 100% 按照对方的节奏推进，在某些情况下，对方的要求可能还会不断升级。过度强调不要激怒对方，可能适得其反，被患者牵着鼻子走，这一点需要注意。

"在本院确认情况后再介绍其他医院"是极其正当的且合情合理的做法。在我看来，即使医院方面有过错，也要坚持原则，没有相当特殊的情况就不应该动摇。

接到患者的投诉后，院长或事务长等部分管理人员会一味地听取患者的意见，全盘按照患者的要求来处理，这种情况一定要避免。我把这种应对方式称为"不可取的敷衍应对"。再强调一遍，像这个案例一样，遇到纠纷时，不仅要关注患者的需求，还要尽可能地收集其他信息，冷静地进行评判。

通过 SBAR 解决纠纷的流程

S 情况（Situation）

清除外耳道的耳垢后，患者第二天早上发现耳朵出血，便打电话到医院投诉。患者想去其他耳鼻科诊所就诊，要求医院支付出租车费用，院长便安排员工陪她去自己认识的 C 诊所就诊，并承担了出租车费。第二天，患者来医院要求支付精神损失费。

B 背景（Background）

患者在数月前患上轻度腔隙性脑梗死，之后一直在服用华法林。这应该是造成出血的原因。患者在问诊单上没有写服用华法林的情况。

A 分析假设（Assessment）

虽然医院方面没有严重过错，无须支付赔偿金，但患者确实承受了痛苦。院长也感到难辞其咎。患者可能是一时情绪激动，才要求医院赔偿。

R 解决方案（Recommendation）

再次向患者致歉，并提出在伤口痊愈之前为其做进一步检查。客观地告知对方，如果事先得知对方正在服用华法林，医院会采取更加谨慎的处理方式。明确表示医院会承担此次治疗及 C 诊所的治疗费用，但不会支付精神损失费。

从实例中学习纠纷解决术 12

将疑似阿尔茨海默病患者引发的纠纷控制在最小范围

疑似阿尔茨海默病患者引起的纠纷越来越多,虽然整体称为阿尔茨海默病,但具体可以分为阿尔茨海默病、路易小体痴呆、血管性痴呆、额颞叶痴呆等多种类型,症状和应对方法也各不相同。根据患者的类型进行早期治疗是必不可少的,但从应对医患纠纷的角度来说,除了精神科医生之外,其他医生和医务工作者最好也能掌握阿尔茨海默病的症状特征、治疗方法、药物副作用等相关知识。只有这样,才能最大限度地减少此类医患纠纷。

纠纷概要

患者在日间服务中心跌倒住院

有一天,A 诊所的 A 院长打来这样一通咨询电话。

"患者 X 的事情让我很头疼。X 先生今年 80 岁了。有阿尔茨海默病的病史，之前因身体不适在附近的 Y 医院住院治疗，身体状况稍微恢复了一些后，便出院在家疗养，并在我们医院的日间服务中心做康复训练。但是，第一天来训练时患者就跌倒了，摔伤了额头，被送到 Y 医院缝合了 8 针。跌倒时腰部也受到了撞击，X 说疼得厉害，第二天去医院检查，诊断为腰椎压缩性骨折，需要住院治疗。大约三周后，医院要求 X 的女儿和女婿办理出院，并支付住院费。X 的女儿和女婿联系我说'这次住院都是你们 A 诊所的错。你们不仅要全额支付住院费用，还要负责找到出院后的护理机构'。这可该怎么办才好？"

听了 A 院长的话，我大致了解了纠纷的原委。

X 的女儿和女婿认为"母亲在 A 诊所附设的日间服务中心跌倒就是一切问题的根源"，提出这样的要求，从某种意义上来说是理所当然的。

但是，为慎重起见，我决定详细询问患者跌倒的原因，确认是否是诊所的管理体制或护理体制不完善所致。从 A 院长的反馈来看，工作时并没有出现员工照看不周或明显疏忽懈怠的事实，护理方式等方面也没有明显过错。若确如 A 院长所言，就不能断言诊所方面负有全部责任。

我决定考虑一下其他的可能性。

事实上，对于患者跌倒和阿尔茨海默病之间的关系，我一直都很感兴趣。具体来说，主要集中在针对阿尔茨海默病患者的多药联用与"易跌倒"之间的关系。

我问过 A 院长，截至患者跌倒时，医院给患者开了多少药，得到的结果是，医院开了多奈哌齐、金刚烷胺、别嘌呤醇、唑吡坦等 8 种药品。

尾内解决术

建议患者家属减少用药量

在来日间服务中心之前，患者 X 曾在 Y 医院住院治疗（现在再次住院），但 Y 医院并没有设置精神科，也没有专门治疗阿尔茨海默病的医生。

据患者的女儿和女婿说，自从 X 跌倒住院后，身体摇晃、走路不稳的症状比以前更严重，偶尔嘴里还念叨着"有只螃蟹"一类的话。出现幻觉也是路易小体痴呆的特征之一。

从患者家属的描述来看，我猜测造成 X 跌倒的最大原因可能是药物副作用的影响。服用多奈哌齐可能产生肌肉无力、痉挛等副作用，也有研究认为，路易小体痴呆患者要注意控制此类药品的用量。而且，考虑到患者同时服用了其他7种药品，患者的活动能力很可能在一定程度上受到了影响。

因此，我向A院长提出了以下建议。

首先，告诉患者的女儿和女婿，跌倒可能是药物的副作用所致，建议他们和Y医院的医生商量一下，酌情减少药量，并改善多药联用方案，院长本人也会陪同前往，提供帮助。

其次，关于患者的出院时间，由A院长出面联系Y医院的主治医生，与对方进行沟通，商量能否延长患者的住院时间，待患者身体进一步好转再出院，并承诺在患者出院后，A院长也会负责协助寻找护理机构。

最后，关于住院费用的问题，尽管A诊所并无明显过错，理论上不需要承担住院费用，但A院长对患者X应负有道义上的责任，建议给X的女儿和女婿一笔慰问金，表达自己的慰问。

A院长立即按照我的建议告知X的女儿和女婿，并一起去医院请求减少药量，医院方面也很快做出了反应。另外，医院还同意延长X的住院时间。在此期间，A院长找到了护理机构，妥善进行了安排。药量减少之后，X可以再次站立并行走了。身体状况也有所恢复，出院后便转到了护理机构。

📖 纠纷的教训

再次确认问题背后的原因

诊所和护理机构屡屡发生患者跌倒问题。发生跌倒时，人们往往认为是医护人员疏忽、操作不规范，或管理、运营体制不完善造成的。当然，这样的情况确实不在少数，但凡事都有例外。

因此，我们有必要对事故发生时的具体情况和患者的背景再次进行仔细的验证。考虑到今后来医院就诊的阿尔茨海默病患者会越来越多，希望大家参考这次介绍的案例，学习积累药物副作用及多药联用的影响等相关知识，并记在脑海里。

实际发生纠纷时，我们要综合考虑药物副作用及多药联用的影响，并养成习惯。

通过 SBAR 解决纠纷的流程

S 情况（Situation）

80 岁的男患者在诊所的日间服务中心接受康复训练的第一天就跌倒了。患者被送到医院后，诊断为腰椎压缩性骨折而住院。之后，患者的女儿和女婿提出让诊所承担住院费用，并要求为患者找到出院后的护理机构。

B 背景（Background）

患者有阿尔茨海默病的病史，因身体状况不佳之前一直在附近的医院住院。出院后在家疗养，同时决定在该诊所的日间服务中心做康复。据院长说，诊所的护理体制等并没有问题。

A 分析假设（Assessment）

除了阿尔茨海默病之外，患者还患有其他疾病，包括之前住院开的治疗痴呆症的药品在内，医生一共开了 8 种药。从这些情况来看，多药联用造成患者"易跌倒"的可能性较大。

R　解决方案（Recommendation）

向患者的女儿女婿说明多药联用的影响，并一同前往医院请医生减少药量。另外，委托医院延长患者的住院时间，在此期间寻找出院后的护理机构。同时，考虑给患者家属一定的慰问金。

从实例中学习纠纷解决术 13

打恐吓电话威胁女医生
并以此为乐的跟踪狂

接下来要介绍的"纠缠女医生的跟踪狂所引发的纠纷案例",在接到咨询时,事态已经发展到了难以收拾的地步。即便如此,我想还是在情况进一步恶化之前,尽可能地采取有效措施。

起因是这样一通电话。

"患者威胁我说'要不要从后面捅你一刀',我很害怕,员工们也很害怕……到底该怎么办呢?"

打电话来的是在大阪府经营A医院的A院长。该医院主营内科。我以前也接到过A院长的咨询。在我的印象中,她是一位待人接物和蔼可亲、颇受患者欢迎的女医生。

时隔很久再次听到她的声音,显得疲惫不堪,可想而知她现在面临的问题有多严重。患者明显在威胁院长,这种行为已经涉嫌犯罪。为什么会被卷进如此棘手的事件呢?我决定向A

院长问个明白。事情说来话长，请大家务必耐心听其原委。

⚡ 纠纷概要

患者威胁院长说"我要泼汽油！"

患者 X，男，今年 40 多岁，低保户，从 1 年前开始在 A 医院就诊。X 原本是为了戒烟才来医院接受治疗的，但他似乎很喜欢 A 院长，尽管 A 院长告知对方说"已经不需要继续治疗了"，对方还是常常来医院。

据 X 本人所说，他 20 多岁时曾在精神科医院住院，之后在 A 医院就诊。与此同时，他也常常去主营精神科的 B 医院看病。患者说自己得的是精神分裂症。

从半年前开始，X 便表现得有些异常。他说自己已经不去 B 医院看病了。A 院长多次劝说他继续接受治疗，结果接到了对方这样一通电话。

"我刚刚已经报警了，说 A 医院和 B 医院都有虚报诊疗费用的问题。"这当然是子虚乌有，实际上 X 也没有打电话报警，但在医院的日常诊疗过程中，类似的电话每天都会响起，令人不堪其扰。而且，X 本人依然若无其事地定期前来就诊。

忍无可忍的 A 院长终于用较为强硬的语气对 X 说："如果

不相信我们医院的话,请你去别的医院吧。"结果,X回了一句"我知道了",就回去了。

不久后,X为参加地方自治团体组织的体检,再次来到了A医院。当时,X在接待处大声嚷嚷说"这家医院根本不行",在医院表示"无法提供诊疗服务"之后,X气冲冲地撂下一句"你们是要拒诊吗",就回去了。

第二天,A医院就接到了保健所打来的电话,说:"我们接到患者投诉,说你们医院拒诊,具体是什么情况?"A院长耐心地说明了事情的经过,保健所负责人表示理解。但之后X就一直频繁地打电话骚扰说"我要告你们",声音异常兴奋,接到电话的医务人员都陷入了深深的震惊和恐惧当中。

电话里的内容更是变本加厉。

"要不去你们医院泼汽油吧!"

惊惧不安的A院长向市福利科和警方寻求帮助。

之后,X因为打电话威胁要给自己的母校泼汽油而被警察逮捕。由于警方已经掌握了X骚扰A医院的经过,因此让X承诺"今后不再靠近A医院",便放他回去了。

然而,打给A医院的骚扰电话并没有就此结束,频率反而越来越高。"你们和警察是一伙的吧。我一定会要你好看的!"对方不仅反复打电话威胁,甚至跑到A医院,在窗口大声怒吼道:"我要告你们!"

当然,医院也向警方反映过情况,但 X 在警察面前会立即老实下来,并表现出一副反省自己行为的模样。警方前往 X 的家中进行调查后,联系 A 院长说:"X 表示会悔改,暂时先观察一段时间吧。"

但是,情况没有任何改变。之后,X 又多次打电话说:"总有一天我会从背后捅你。你听说过△△发生的○○案件吧?"A 院长哀求警方道:"等对方动手就晚了。能不能想办法把 X 抓起来?"结果警方的回复却是:"很抱歉,如果没有发生实际案件,我们很难采取行动。"走投无路之下,A 院长想到给我打电话。

以上便是这次纠纷的经过。

尾内解决术

不要将对方视为"患者"

这起纠纷案例的解决难度相当大。患者本人声称自己患有精神分裂症,实际上也去看了精神科。我不是医生,无法做出诊断,但可以肯定的是,患者确实患有精神方面的疾病。

面对此类纠纷,寻找患者身边的关键人物有时会成为解决问题的突破口。不过，这次情况有所不同。尽管 X 的父母和妹妹都住在大阪，但他们也常年受到 X 发出的"我要捅死你""我要放火"等言论的威胁。X 认为"自己明明很正常，却被家人送到精神科看病"，因此心生怨恨。甚至还听说，X 的妹妹因为担心自己"总有一天会被杀"而深陷失眠的折磨。

在这次的纠纷案例中，通过患者身边的关键人物寻找突破口的策略是行不通的。那么究竟该怎么办呢？

最重要的是"阻止 X 的扰医行为"。在警方问话时，X 表现出一副老实顺从、深刻反省的样子，可一旦恢复自由，他就故态复萌，反复骚扰医院。从这些行为中可以看出 X 的心理，那便是"不想被警方逮捕"。

这恐怕就是 X 的弱点所在。因此，在我看来，最有效的方法就是让对方知道，倘若不终止扰医行为，等待他的将是"逮捕"。但是，警方的行动有滞后性，而且目前似乎不太愿意插手，必须设法引起警方的重视。

为了解决这个问题，我想到了两条苦肉计。一是通过警医向警方寻求帮助。警医与当地警方的联系当然更加密切，找熟人联系辖区警医，从中寻找突破口。院长本人如果有认识的警医就更好了。

另一个方法是，找出被 X 恐吓的其他医务人员，一起向

123

警方报案。该患者十有八九在其他医疗机构也做出了类似的扰医行为。而且，据我猜测，和这次的案例一样，患者的目标对象很可能也是女医生。寻找受害者的难度应该不大。询问 X 就诊的精神科医院或市政府福利科（因为 X 享有低保），应该很容易就能找到。

A 院长按照我的建议采取了行动。通过熟人和警医取得联系，请警方出面协助。

另外，被 X 骚扰的其他女医生也很快就找到了，她们同意一起报案，向警方反映情况。软硬兼施之下，警方终于察觉到事态的严重性，开始采取对策。

根据《跟踪狂规制法》的规定，应对措施大致分为三个阶段，依次为警察署长给予警告、公安委员会发出禁止令以及提起诉讼。一般情况下，第一阶段的警告就可以消除九成左右的纠缠行为，同时暗示对方还有发出禁止令和起诉的选项，给 X 施加压力。

纠纷的教训

通过录音等方式保留证据

从这个事例中，我们应该吸取的教训是，受到威胁时要保留好证据。如果院长早一点找我咨询,我会建议她给 A 医院的电话安装录音装置,以便掌握 X 威胁恐吓行为的相关证据。若有录音为证,警方也更容易采取行动,情况应该也会很快好转吧。

当我把这个想法告诉 A 院长时,她回忆道:"当时完全没有想到要录音。"对于坚信性善论的 A 院长而言,在与患者打交道时,大概从未有过录音取证的想法吧。

但不管怎么说,即便《跟踪狂规制法》已经实施,被跟踪狂骚扰的受害者还是层出不穷。

在这个案例中,患者 X 还曾扬言道:"打恐吓电话而已,就算被警方拘留,只要我说不会再犯,马上就会被释放的。这一点我很清楚。"以此威胁 A 院长。

不仅仅是警察,普通民众对于跟踪狂的危害也不够重视。通常都是发展为杀人等重大事件之后,才出现"如果警方早点采取措施就好了……"之类的论调。

怎样通过该法律保护受害者,阻止施害者,对于这个问题,除了警方之外,地方自治团体、医疗机构等也有必要构建联动机制,尽早采取应对措施。也就是说,不能局限于针对个人的"点",而要从地区的"面"上着手解决问题。

通过 SBAR 解决纠纷的流程

S 情况（Situation）

问题患者因精神分裂症也在其他精神科医院就诊。由于患者向市政府举报不实信息，说医院虚报诊疗费用，因此院长告知对方无法继续提供诊疗服务，结果遭到对方电话恐吓。患者曾因恐吓他人遭警方逮捕，但很快就被释放了，此后，患者对院长的威胁恐吓仍在继续。

B 背景（Background）

患者的亲属也都深受其扰，束手无策。唯一能指望的只有警方，但患者在警察面前总表现出一副悔改顺从的模样，因而警方迟迟无法采取有效行动。

A 分析假设（Assessment）

从患者的行为可以推测其弱点是"警察"。因此，我认为最有效的方法就是让患者意识到，倘若继续骚扰院长，等待他的将是"逮捕"。必须想办法让警方动真格。

(R) **解决方案（Recommendation）**

双管齐下，引起警方的重视。一是找熟识的警医做工作，二是找到有过同样遭遇的其他女医生，共同向警方报案。

第 3 章

纠纷的原因往往隐藏在『意外之处』

第3章 | 纠纷的原因往往隐藏在"意外之处"

在思考医患纠纷对策时，多数情况下，人们倾向于从医生、医务人员与患者之间的关系来理解把握。确实，双方的关系中往往隐藏着解决纠纷的关键点。但需要注意的是，有时情况并非如此。

面对医患纠纷，有一点我非常重视，那便是患者的个人信息。具体来说，包括患者的经济状况、家庭关系、家庭环境、从事的职业，或者退休前的职务、职业等。有时，医疗机构即使没有任何过错，也会成为患者发泄自身负面情绪的目标，这一点在后面介绍的案例中也有所提及。医生或其他医护人员的一举一动都有可能成为患者情绪爆发的导火索，但这只是扣动了扳机，患者不满的根源其实并不在医疗机构。

在这类纠纷案例中，医疗机构越是较真，就越容易泥足深陷，苦恼于为何会受到患者如此严厉的指责。医疗机构很难察觉到，既然自身毫无过错，那么再怎么烦恼也无济于事。

在我看来，患者把医疗机构当作负面情绪发泄口的行为，简直是荒谬绝伦。医者仁心，患者利用医务人员的善良，伪装成弱者，趁虚而入，这是绝对不能容忍的。

对于这样的患者，医疗机构必须拿出毅然决然的态度，倘若对方一意孤行，就要采取危机管理模式，及时停止诊疗服务。

还有一个问题，那便是现在的患者变得更加暴躁易怒。正如第 1 章提到的：与过去相比，人们在经济、人际关系、精神等方面，越来越缺乏"从容"（丧失自信）。

医疗现场极其繁忙。医务人员在面对患者时，往往会表现得很冷淡。这种应对方式很容易成为患者宣泄不满的导火索。

教科书上虽然写着"平时要谨慎认真，避免引发患者的不满"，但如果对方缺少"从容"，即使再小心细致，也很难防止对方失控。

希望大家通过本章介绍的实际案例，学习如何应对情绪失控的患者。

从实例中学习纠纷解决术 1

持续激增！将医院视为压力纾解对象的患者家属

在提供咨询的过程中，我时常感慨，医疗机构真是一个非常容易发生纠纷的地方。其中的原因可谓不胜枚举，但若非要举出一例，那应该是在患者眼中，医疗机构是一个"特别方便发牢骚的对象"。

就医疗机构而言，无论是医生、护士还是办公人员，大多都是心地善良的人。即使被患者恶语相向，多数情况下也会忍耐，内心体谅道："患者本来身体就不舒服，算了。"当然也有因为工作繁杂，无法关照到每一位患者，导致对方心生不满而只能忍耐的情况。另外，对"应诊义务"反应过度，认为无论患者说什么都必须忍耐的人也不在少数。

另一方面，将医疗视为服务行业，认为自己理应受到"顾客"待遇的患者也在不断增加。总而言之，对患者而言，医疗机构是一个具备"便于发牢骚"条件的理想场所。

因此，患者（有时是患者家属）容易将不满的矛头指向医疗机构。请大家牢记这一点，一起来看接下来的纠纷案例。

纠纷概要

对母亲的死因心存疑虑的女儿

"前几天，在我们诊所附近的一家特护养老院，有个熟识的患者在那儿接受短期看护时去世了，结果遭到家属们的强烈投诉。尽管一直以来我都没跟患者的家属打过交道，但对方却表现得怒不可遏。这可怎么办呢？"

打电话来的是 B 诊所的 B 事务长兼院长夫人。她的声音听起来明显有些慌乱，连话都说不清楚。于是，我先出言安抚。

"那实在是不容易。我想听听您的看法。咱们先做一次深呼吸，再慢慢地吐气。怎么样，稍微平静一些了吧？"

当下，求助者的内心想必是"一团乱麻"。令人困扰的是，"不安"和"恐惧"会极大地限制对方的思考能力和行动力。对方会优先考虑逃避"不安"和"恐惧"，思维也容易因此短路。所以，在面对这类求助者时，我们有必要先安抚对方的情绪。

第 3 章｜纠纷的原因往往隐藏在"意外之处"

言归正传，B 事务长讲述的纠纷经过大致如下。

患者 X 女士今年 86 岁，长年在 B 诊所看病，近期没有发现重大疾病，无须治疗。由于腿部骨折，X 几年前就一直卧床不起，被认定为三级护理。X 的丈夫 Y 一直负责照顾，身体不舒服时会去 B 诊所看病。

然而最近，Y 感到身体不适，不得不住院检查，无法继续照顾 X。应该是过度操劳导致的吧。在此期间，Y 无法照顾 X，因此需要寻找护理机构或适老化住宅。但短时间之内没有找到，便暂时将 X 委托给 B 诊所附近的特护养老院照料。3 天后，X 突然病倒，猝然离世。

B 事务长立即与定期就诊的院长取得联系，将 X 送往医院。随后，X 的女儿和女婿也闻讯赶来。根据女儿和女婿的要求，没有进行死因的病理解剖。

纠纷是在这之后发生的。X 的女儿和女婿从医院拿到死亡诊断书后回到家中，看到死亡原因一栏中写着"心绞痛"，大吃一惊，女婿立刻给 B 诊所打了这样一通电话。

"从没听说我丈母娘有心绞痛啊。究竟是怎么回事？是不是心绞痛发作去世的？你们是想隐瞒事实吧？你们要负起责任！"

据院长夫人 B 女士说，患者 X 的死因实际上并不清楚。

135

也没有出现老年人高发的误咽窒息等问题，真正的情况要解剖才知道。那么，为什么医院的医生会在死亡诊断书上写"心绞痛"呢？

故事要追溯到8年之前。当时，X因胸腔和胸口周围隐隐作痛，出现呼吸困难的症状，来到B诊所就诊，做了心电图和X光检查后，院长便在病历上写下了"疑似心绞痛"。之后，X的钝痛感消失，检查结果的数值也有较大改善。本来应该在病历上写清楚"中止治疗""治愈"等情况，但院长似乎忘了要及时更新病历，一直拖到现在。原以为只要情况如实告知X的女儿和女婿，纠纷就能迎刃而解，谁知在B事务长说明情况之后，对方却表现出"很可疑""你们隐瞒了事实吧""请你们拿出诚意"等质疑，态度十分强硬。

听了B事务长的话，我有一种不祥的预感。为了证实自己的猜想，我问了以下问题。

我："您之前见过患者的女儿和女婿吗？"

B事务长："X女士去世后，我才第一次在医院见到他们。"

我："是谁帮X女士办理的短期看护手续、找的护理机构呢？"

B事务长："是X女士的丈夫Y先生。他完全没有提过女儿和女婿，也没有要商量的意思。"

不祥的预感果然应验了。据我猜测，这起纠纷看起来是医疗机构和患者家属之间的矛盾，但实际上很可能是由患者家属之间的人际关系引起的。这类纠纷解决起来相当棘手。

尾内解决术

时间会平息怒火

最值得关注的是已故母亲 X、父亲 Y 与女儿女婿之间的关系。按照常理，亲生女儿会不知道自己的母亲曾疑似患有心绞痛并接受过检查吗？如果父母和子女之间能够正常交流，就不会发生这种事情。

X 和 Y 为了"不让女儿担心"，故意不告诉对方，也是有可能的。但是，考虑到 Y 因"以老护老"而疲惫不堪，甚至不得不住院，女儿女婿却没有出现在父母身边的事实，可以想象双方关系应该并不融洽。据我推测，纠纷的本质或许是这样的。由于某种缘由，X 和女儿之间的关系逐渐冷淡，双方不再联系。在这种情况下，女儿接到 X 离世的消息，匆忙赶到现场，听说了很多自己过去不知道的事情。例如 8 年前母亲出现心绞痛的症状、父亲 Y 因照顾母亲而累倒住院、居家护理难以实现、艰难寻找护理机构……女儿因此感到颜面尽失。虽说她是自作自受，但从结果来看，患者女儿确实因此颜面扫地。

"为什么不告诉我呢？"患者女儿的愤怒情绪或许针对的是父亲 Y。不过，一直放任母亲不管的女儿也负有很大责任，根本没有资格向 Y 抱怨。因此，据我分析，患者女儿便将无处发泄的怒火转向 B 诊所。

顺便提一下，患者的女儿女婿都是教师，患者的丈夫已经退休，但退休前曾在中学担任过校长。据 B 事务长介绍，"给人的印象是自尊心很强，都很爱面子"。尽管我的分析只是一种猜想，但这些信息也提供了相应的证据。

其实，应对纠纷的关键在于，既然纠纷的真正原因是女儿对父亲 Y（或母亲 X）的愤怒，医疗机构不过是对方负面情绪的发泄对象，那么无论怎样向对方解释"死亡原因一栏为何会写着心绞痛"也无济于事，根本解决不了本质问题。

尽管如此，医疗机构也无法责怪对方"你的怒气找错了对象"。

B 事务长现在能做的，唯有明知是徒劳，也只能对所问之事真诚地反复进行说明。

不过，在这个案例中，对方的怒火很可能随着时间的推移而平息。因此，我告诉 B 事务长："真诚地对待家属，过一个月自然就会解决的。要耐心地向家属反复解释。"

倘若进展不顺，就只能采取下一步措施了。关键人物还是 X 的丈夫 Y 吧。Y 现在正在进行住院检查，等他的情况稳定之后，不妨专程向 Y 及其女儿女婿一起说清楚 X 病情的来龙去脉。

提出这两条建议之后，一开始显得十分慌乱的 B 事务长也逐渐冷静下来。纠纷之所以给当事人带来恐惧感，是因为无法预测事态的发展。我的预测或许略有偏差，但能让求助者看到后续的发展，稳定情绪，重新找回信心。面对纠纷时，设法"减少不安"其实非常重要。

之后，X 的女儿女婿又打过两次电话，但经过诊所反复耐心地解释，就没有再联系了。最终，Y 和女儿女婿也没能相聚一堂。

纠纷的教训
在患者家属中寻找关键人物

纠纷就像一座冰山，水下隐藏的部分要远远大于水上显露的部分。如果只关注水面上看到的部分（例如，投诉的具体内容），就容易忽视纠纷的真正原因——水下隐藏的部分（例如，患者家属的人际关系）。希望大家在处理纠纷时，能经常思考"这个人生气的真正原因是什么"。浮出水面的部分不过是引发纠纷的"契机"，弄清楚隐藏在水面下的看不见的部分（根源）才是解决纠纷必不可少的关键所在。

我曾经历过多起类似的纠纷案例，因身边的人不幸离世，便将无处宣泄的悲伤情绪以投诉的形式向医疗机构发泄。在这种情况下，无论医疗机构如何回应，投诉都会持续下去，直到对方走出悲痛。对伤感叹息的人说些宽慰的话，也是一种应对方法，但彻底解决纠纷需要一定的时间，这一点必须做好心理准备。

再次强调一点，对于医疗机构而言，关注患者家属的人际关系至关重要。尤其是突然出现与医疗机构甚少打交道的人时，往往容易发生纠纷。我已经经历过很多次这样的案例了。实践起来或许很难，以高龄患者为例，在接诊患者的过程中，要有意识地找出患者家属中的关键人物。抓住了关键人物，万一发生意外情况，说不定就能对患者家属起到调解作用。

今后，医疗机构的高龄患者会越来越多。像这个案例一样，因患者家属的人际关系而引发纠纷案例，肯定也会不断增加。

通过 SBAR 解决纠纷的流程

S 情况（Situation）

长年接诊的患者在附近的特护养老院去世了。患者的女儿和女婿看到死亡诊断书写着的死因是"心绞痛"时，突然怒不可遏。患者之前一直由自己的丈夫负责照顾，但她丈夫也因"以老护老"而累倒住院。此时，患者的女儿和女婿出现，引发了纠纷。

B 背景（Background）

患者和她的丈夫似乎都没有和女儿女婿商量护理的事情。患者的丈夫已经退休，女儿女婿都是教师。两人都给人一种自尊心很强的印象。

A 分析假设（Assessment）

从患者的女儿女婿与患者夫妻之间信息不通畅的情况来看，双方的关系似乎存在很大的隔阂。患者去世后，女儿可能听说了很多自己过去不知道的事情，感觉颜面尽失，因此把无处发泄的怒火转向医疗机构。

141

R 解决方案（Recommendation）

对于患者的女儿，只能耐心地解答对方的疑问。随着时间的推移，对方的愤怒也会逐渐平息。倘若依然无法解决，可以去找了解事情来龙去脉的患者丈夫一起商量对策。

从实例中学习纠纷解决术 2

员工的轻率行为引发了意想不到的纠纷

我经常接到来自医疗机构的各类咨询。从常见的患者投诉，到员工纠纷、院长出轨问题、遗产继承问题、篡夺医院财产、与邻居的土地边界之争、房屋日照权和噪声问题、房租或退租问题、离婚和监护权之争、网络纠纷等，内容五花八门，令人咋舌。

本节介绍的案例虽然属于"员工纠纷"，但解决纠纷的过程及其经验教训对于解决医患纠纷也有很大的参考价值，因此决定列出来给大家参考。

虽说是"员工纠纷"，但并未涉及劳务方面的问题。属于医疗机构中常见的（实际上不应该发生）、因员工的轻率行为所引发的意想不到的麻烦。接下来，请大家看具体事例。

纠纷概要

护士私自打针留下了后遗症？

"这件事实在不好意思对外讲，我们医院的两个护士之间产生了纠纷，其中一个护士的父亲对我说'你也要负起责任'，实在是让人很为难，该怎么办呢？"

打电话来的是 A 院长，经营着一家有床诊所（注：病床数量在 19 张床以下的医疗机构），以外科为主。一开始，我以为是员工之间的矛盾升级所致，但在听的过程中，我发现事情逐渐朝着意想不到的方向发展。A 院长所讲的内容可以概括如下。

发生纠纷的是护士 X（29 岁，女）和护士 Y（21 岁，女）。大约两周前，Y 在上班期间感到身体不舒服，于是把情况告诉了前辈 X，X 便对 Y 说："有一种很有效的针，要不要打一针试试？"据说 X 之前感到身体不舒服时，注射了抗酸剂（注射液），不适症状消失，人也精神了许多。

听了 X 的话，Y 很感兴趣，便让 X 给自己打了一针。结果，Y 感觉打针的右手臂又麻又痛，只好早退了。

之后，Y 就请了一段时间的假。过了两周左右，A 院长接到了 Y 父亲打来的电话，声音充满了怒气。

第3章 | 纠纷的原因往往隐藏在"意外之处"

"我女儿说打完针之后右臂痛得动不了,你们到底对我女儿做了什么?!今天去 B 医院做了检查,医生说'这个可能治不好'。不仅是 X,包括院长你在内,都必须负起责任!"

实际上,在 Y 的父亲打来电话之前,院长完全不知道发生了这样的纠纷。Y 一个人在本地生活,和住在邻县的父亲商量此事,父亲听了勃然大怒,便给 A 院长打了电话。之后,发生了这样一段对话。

A 院长:"请等一下,我从来没听说过这件事,请问是怎么一回事?"

Y 的父亲:"怎么回事?X 给我女儿打了一针,结果她右臂痛得动不了,休息了 10 多天还没好。刚才听女儿说了这件事,吓了我一跳,才打电话来问你。院长你身为管理层,怎么会不知道这件事呢!不正是因为你管理不善,才会发生这样的纠纷吗?你会负起责任的吧?"

A 院长:"这……我这边也会向 X 询问情况,然后进行相应的处理,能给我一点时间吗?"

挂断电话后,A 院长立即叫来 X 了解情况。X 承认自己私自打过几次针,并道歉,但似乎并不清楚 Y 因打针而请假的事。A 院长不知该如何处理,便给我打电话咨询。

145

💡 尾内解决术

存在过错时，诚意是最好的解决办法

尽管不应该发生，但护士或员工私自注射或使用药物的情况在现实中是存在的，这样说是否言过其实呢？如果没有发生这次的纠纷，问题恐怕还不会暴露出来，所以我认为很多医院都潜藏着类似的隐患。

按照自己的想法，我向 A 院长提出了以下建议。

第一，要联系 B 医院，确认医生告知 Y 的内容。如果牵涉到其他医院的医生，就必须确认事实。因为在多数情况下，患者会按照自己的理解来曲解医生的话。Y 的父亲说，B 医院的医生给出的诊断是"疑似桡骨神经损伤，治不好的可能性较大"，首先要确认这一信息是否属实。

第二，A 院长和 X 要一起向当事人 Y 当面道歉。从这次的情况来看，距离 Y 向医院请假到其父亲打来电话质问，已经过去了 10 多天。因此，对方针对 X 的怒火可能还在不断累积。

在这种情况下，没有比直接道歉、表现诚意更好的解决方法了。幸运的是，目前 Y 还没有提出"想辞去医院的工作"。也就是说，Y 对 A 院长应该是没有敌意的。由此推断，Y 愤怒的矛头主要是指向了 X，只要 X 好好道歉，应该就能顺利解决纠纷。

第三，确认过 Y 手臂的情况之后，A 院长可以提出承担相关治疗费用。但前提是，Y 接受了 A 院长和 X 的歉意。倘若在道歉阶段时双方就决裂了，就需要采取其他的应对措施，但就这个案例而言，我认为不会闹到那种地步。

A 院长按照我的建议，先与 B 医院取得了联系。B 医院是当地的大医院，Y 在接受注射后来过两次，由整形外科的两名医生进行诊治。据了解，第一次接诊的医生确实说过"可能治不好"，但第二次来医院就诊时，另一位医生却说"还年轻，不会治不好的"。

我很不理解第一次接诊的医生为什么会说"可能治不好"之类的话。即使真心这么想，也应该表达得委婉一些，例如"可能需要一段时间治疗，但还是要坚持"。医生不经意的一句话就有可能引发纠纷。听医生说"治不好"，Y 肯定会深感不安，马上去找父亲商量。

接着，A 院长与 Y 取得联系，带着 X 去了 Y 的家。在 Y 面前，两人诚恳地表示歉意："这次实在是对不住。" Y 似乎有些惶恐，回应道："是我给大家添麻烦了，真对不起。"询问了 Y 手臂的恢复情况后，她表示痛感已经消失了，并向院长提出："想再观察一周左右，没问题的话就回归工作岗位，可以吗？"

A 院长提出让 Y 带薪休假，并承担治疗费用，Y 欣然同意了。至于还在气头上的父亲，则由 Y 负责解释沟通。

纠纷的教训

改善经营体制，预防纠纷

这次解决纠纷的方法十分简单，向当事人致歉即可。然而，冷静分析就会发现，这次的纠纷其实是多种因素的叠加。例如，在 A 医院内部出现了护士私自使用药物进行注射、因护士人数较多导致院长没有注意到长期休假的护士出现异常情况等问题。说起来，A 医院的员工普遍缺乏守法意识，院长、护士以及员工之间的沟通很可能也不到位。

纠纷虽然顺利解决了，但倘若对这种松散的管理体制放任不管，恐怕在不久的将来，不仅是员工之间，就连医患之间也会发生严重的纠纷。我向 A 院长强调了这一点，并建议说，每天一定要和所有的在岗人员打声招呼或打个照面，哪怕时间短一点也没关系。另外，必须完善就业规则和管理体制，明确告知所有员工私自用药是犯罪行为，甚至会被开除。

通过 SBAR 解决纠纷的流程

S 情况（Situation）

护士在工作时感到身体不适，前辈便给她注射了抗酸剂。结果对方因出现手臂发麻和疼痛的症状而早退，之后连续休息了 2 周左右。护士的父亲打来电话，怒气汹汹道："我女儿右臂疼得动不了，你们要负起责任。"

B 背景（Background）

在此之前，院长完全不知道发生了什么。护士去其他医院检查了发麻疼痛的右臂。先后两名医生接诊，一位医生确实说过"可能治不好"，另一位医生却说"还年轻，不可能治不好"。

A 分析假设（Assessment）

既然休假的护士没有提出"想要辞职"，那么不满的矛头应该指向的是给她打针的前辈。也就是说，只要诚恳地道歉，事态应该就能得到控制。

R 解决方案（Recommendation）

院长和前辈与正在休息的护士见面并道歉。若对方接受道歉，就提出承担治疗费用。此外，还要以此为契机，整顿包括就业规则在内的管理体制。

从实例中学习纠纷解决术 3

院长被卷入患者遗产纷争的离奇纠纷

我每天都会接到各种各样的纠纷咨询。

比较奇怪的是,最近接到的关于遗产继承的纠纷咨询相对较多。最常见的是院长本人或亲戚成为遗产继承当事人的情况,但接下来介绍的是与患者有关的遗产继承纠纷案例。

首先请大家一起来看案例。

⚡ 纠纷概要

突然现身的亲生女儿主张遗产继承权

"我有一位 80 多岁的患者,名叫 A 先生,在 4 年前已经去世。但现在我被卷入他的遗产继承纷争了,究竟该怎么办才好?"

打电话来的是大阪府内一家内科诊所的 X 院长。这家诊所致力于提供上门诊疗服务，去世的 A 先生也是一名居家患者。

截至目前，我接到过各种各样的医患纠纷咨询，但接到这个电话时，还是第一次遇到医生被卷入患者遗产继承纷争的案例（后来又陆续接到了 10 多次此类咨询）。我自己家也有过两次继承遗产的经历，当时学到的东西正好派上了用场。

诊所究竟是怎样被卷入患者的遗产继承纷争中的呢？我决定详细了解一下情况。

大约从 7 年前开始，X 院长一直为癌症晚期患者 A 先生提供上门诊疗服务。A 先生虽然是一个人生活，但他的儿子和儿媳就住在附近，平时由他们负责照顾。然而 1 年后，儿子因心肌梗死先于 A 先生去世，便由儿媳 B 女士独自照顾 A 先生。

X 院长说："B 女士是个非常能干的人，对没有血缘关系的公公也能无微不至地照顾，可以说是尽心尽力。这一点我们诊所的所有员工都知道。"4 年前，A 先生在 B 女士的守护下离开了人世。

A 先生的家是占地面积超过 300 坪（每坪约为 3.3 平方米）的大宅子，虽然不清楚具体金额，但应该还有不少土地之外的资产。据说 A 先生在公证书上留下了遗嘱，上面写着由 B 女士继承全部财产。

但是，麻烦这种东西，一旦嗅到金钱的味道，就会像鬣狗一样找上门。A先生去世约1年后，有两个人突然来到诊所，自称是A先生的亲生女儿Y和孙子。X院长说："我不知道A先生还有个女儿。"Y女士的衣着看起来颇为华丽，她说自己经营着一家餐饮店。

Y对X院长说了一句"我有话要说"，便一口气提了以下问题。

"父亲使用护理保险的事我是知道的，在政府部门查过了。听说X医生您写了主治医生意见书，能先把复印件给我吗？还有，我觉得父亲患有阿尔茨海默病，实际情况如何？应该很严重吧？"

X院长问道："为什么要问这些问题？"对方回答说："哥哥的妻子完全就是外人啊，她一定是趁着父亲生病，让他写下遗嘱，企图夺走他的财产。刚才我和B见面谈了谈，但没有什么进展。"

看来，对方是想说："父亲生前写下的遗嘱无效，自己也有权利继承父亲留下的遗产。"确实，倘若立遗嘱的人患有阿尔茨海默病，缺乏足够的判断能力，失去了立遗嘱的行为能力，那么很有可能出现遗嘱无效的情况。

"看样子我是被卷入了一场不得了的纷争"，X院长暗忖道，便这样回答了 Y。

"不好意思，主治医生意见书请您向申请护理保险的政府部门申请阅览。我记得您父亲没有阿尔茨海默病的症状，具体情况要看过病历才知道。方便的话，请您改天再来吧。"

Y 说了句"回头再联系"就回去了，之后一直没有消息。因为对方没有再联系，院长松了一口气，心想"事情应该告一段落了"。过了将近三年，就在上周，诊所突然接到了自称是 Y 女士代理人的律师打来的电话。Y 竟然向法院起诉遗嘱无效。

律师对 X 院长说："我有个问题想请您回答"，X 院长感到很吃惊，同时又觉得不能贸然回答，于是说了句"现在不太方便，稍后再跟您联系"，就挂了电话，紧接着就给我打了电话。

介绍起来篇幅略长，以上便是纠纷的概要。

尾内解决术

多言是纠纷的根源，对律师的回答要简洁

倘若去世的人患有阿尔茨海默病，不仅是亲属，主治医生也有被牵连的风险，这种情况在此类遗产继承纷争中颇为常

见。不过，这个案例既然已经提起诉讼，从我们的立场来看，完全不必牵扯其中。应对起来并不难。

首先要解决的是消除 X 院长内心的焦虑不安。这种不安主要源于不知道律师会提出什么样的问题。X 院长担心自己的回答稍有不慎就会影响判决结果。X 院长似乎抱有"不想给一直照顾 A 先生的 B 女士添麻烦"的顾虑。

我问 X 院长"A 先生生前是否出现过阿尔茨海默病的症状"，他的回答如下。"患者虽然时睡时醒，但能很好地回答我的问题，闲聊时也没有异常。我确信他并没有阿尔茨海默病的症状，这一点在病历上也有记载，主治医生意见书上也完全没有提到阿尔茨海默病。"

如此一来，应对策略基本就定下来了。首先，我建议 X 院长让律师通过书面方式询问。这样既可以从医学角度冷静地回答问题，也不必担心对方的"诱导性提问"。

一周后，X 院长联系我说"收到了律师的问询函"。上面列出了详细的询问事项，并附有"请在一周内予以答复"的备注。X 院长问我"该怎么回答"，我给出了以下建议。

Y 的目的是让生前的遗嘱无效，和孙子一起作为法定继承人获得全部遗产。问询函就是以此为目的制作的。但实际上，当时的主治医生意见书完全没有提及患者患有阿尔茨海默病，因此直接陈述事实，回复"作为主治医生，我认为 A 先生没有出现阿尔茨海默病的症状"即可，倘若觉得没有足够的自信做出论断，回复"无法明确判断"就行了。

一旦开始回答细节就会没完没了，涉及细节的部分又有可能引起不必要的怀疑。X 院长表示"不想再牵扯其中了"，因此我认为必须和 Y 女士、B 女士等保持一定的距离。回复文件寄回后，倘若律师再次打来电话，要求询问细节部分，只需回复"上次已经书面回复过了，谢绝进一步协助"，然后挂断电话即可。

X 院长按照我的建议进行应对，之后就再也没有接到过律师的电话了。尽管一开始对判决结果很在意，但问过 X 院长之后，他表示"我没有打听，也不想知道"，似乎是想尽快忘掉这件事。不管怎样，结果正如 X 院长所愿，顺利从纷争中及时脱身。

纠纷的教训

保持作为第三方的距离感

电视剧里经常会出现这样的设定，某企业家去世后，音信全无的女儿或儿子突然现身，结果闹得不可开交……但我万万没想到自己会接到这样的咨询。原来，现实中真的存在"继承"遗产变成"争夺"遗产的场景，不禁让人十分感慨。

随着社会老龄化的不断加深，像这次的案例一样，患有或疑似患有阿尔茨海默病患者相关的遗产继承纷争应该也会越来越多。如此一来，医生自然也会被卷入"纷争"之中。医生们在诊疗的过程中也要警惕这种情况。

一旦陷入患者的遗产继承之争，恐怕没有"只做好这些就行了"的良策。重要的是，万一被卷入纠纷，作为医务人员，要相信自己的诊断结果，以第三方的立场保持一定的距离，冷静地进行应对。

在这个案例中，X院长向我强调说，患者A受到儿媳妇B女士无微不至的照顾，直至去世。想必内心是站在B女士这边吧。尽管可以理解院长的心情，但如果过于偏袒某一方，也有陷入泥沼的危险。不要感情用事，始终牢记要保持自己作为第三方的距离感。

最后再赘述一点，这次的案例是以使遗嘱本身无效为目的而起的纷争。社会上更常见的情况是，根据遗嘱继承遗产后，没有得到遗产分配的法定继承人提起诉讼，主张"自己也有继承遗产的权利"，想要取回一定份额的遗产（要求减少遗产份额）。这场纠纷似乎没有要求减少遗产份额。

通过 SBAR 解决纠纷的流程

S 情况（Situation）

诊所为晚期癌症患者提供诊疗。患者儿子（已故）的妻子一直照顾患者。遗嘱中说要把全部财产留给儿媳。之后，患者的亲生女儿和孙子提起诉讼，主张遗嘱无效，律师打来电话询问患者是否患有阿尔茨海默病等问题。

B 背景（Background）

患者的女儿主张，患者患有阿尔茨海默病，患者儿子（已故）的妻子让他写下对自己有利的遗嘱。院长一方面想支持患者儿子（已故）的妻子，另一方面又不想卷入官司之中。

A 分析假设（Assessment）

院长担心自己的回答会影响判决结果，也不知如何在电话中回答律师的问题。当时院长所写的主治医生意见书中，完全没有提到阿尔茨海默病。

ⓡ 解决方案（Recommendation）

为了消除院长的不安，要求律师通过书面方式询问，拒绝口头回答。关于患者是否患有阿尔茨海默病，可以如实回复"没有发现阿尔茨海默病的症状"，倘若觉得没有足够的自信做出论断，回复"无法明确判断"即可。

从实例中学习纠纷解决术 4

患者要求协助起诉前辈医生该怎么办？

接下来的纠纷案例也涉及审判。不过，来电咨询的院长并不是审判的直接当事人。属于患者作为原告要求院长协助的案例。

一般来说，院长只需在条件允许的范围内提供协助就行了，但这次的情况比较特殊。因为原告想要起诉的是和院长念同一所大学的前辈。

大家不妨一边思考"如果自己被卷入其中，会怎样行动"，一边看接下来的案例。

纠纷概要

是否要站在前辈的对立面

"目前还没到产生纠纷的程度，您能帮我出出主意吗？"

第 3 章 | 纠纷的原因往往隐藏在"意外之处"

打电话来的是 A 医院的 A 院长，曾在我这里做过两次咨询。A 医院主营皮肤科和整形外科。院长一开始就说得很含蓄，令我有些在意，于是决定详细了解一下情况。

几天前，A 院长收到了 X 律师寄来的一封信。信上写着"患者 Y 女士准备提起诉讼，请予以协助"。

Y 女士 10 个月前曾在 A 医院就诊。年龄在 35 岁以上，为治疗倒睫（睑内翻倒睫）前来医院咨询。Y 描述了自己的症状，询问了可供选择的治疗方案及不同方案的优缺点。A 院长逐一说明之后，Y 表示"想要再考虑一下"，当天并没有进行治疗。后来，Y 便再也没有来过 A 医院。

之后，Y 在 C 整形外科诊所接受了用激光灼烧睫毛根部的治疗，但术后，睫毛几乎全部脱落，无法重新生长。Y 多次向 C 整形外科诊所投诉，要求其道歉并赔偿，但对方完全不予理睬。

在此过程中，Y 开始考虑起诉诊所，便给大阪律师协会打了电话。经介绍联系了 X 律师，目前正在准备医疗诉讼。X 律师的来信中写道："我们想了解激光治疗前 Y 女士睫毛的情况，希望能提供病历的复印件。"

倘若事情如此简单，院长也不必愁眉不展了。只要 X 律师的信件内容属实，C 整形外科诊所既然毫无诚意，对 Y 敷衍

161

了事，就应该受到谴责。院长凭良心在力所能及的范围内提供协助即可。

然而，看到 X 律师信中所写的 C 整形外科诊所医生的名字时，A 院长大吃一惊。因为他竟然是 A 院长大学母校的前辈 D 医生。在电话里听 A 院长讲到这里，我不由得沉吟。确实，这个问题非常棘手。

如果把 A 医院的病历作为参考资料交出去，D 医生会认为"那家伙肯定站在患者那边"。A 院长担心如此一来，不仅和 D 医生的关系会闹僵，自己作为"出卖前辈的后辈"，和大学医局（注：医局是日本独有的医疗制度，以大学临床医学教研室为龙头，医局成员主要是该大学毕业的学生或在该校影响范围内行医的医务工作者）的关系也会受到影响。

那么，究竟该怎么办呢……

尾内解决术

若无其事地交出病历

我思索了一番，最后告诉 A 院长："完全不必在意自己站在哪一边，接受律师的要求提交即可。"将记录着 10 个月前病情的病历，不加任何评论原封不动地交出去。至于在判决中会如何使用，A 院长只要坚持不知情的立场就可以了。

在咨询时，我会习惯性地观察当事人或咨询对象的心理活动。针对这个案例，我的分析如下。A 院长在找我商量之前，应该就已经下定了决心，打算提交病历。给我打电话的目的是"想要别人推自己一把"。根据我的经验，这个预测应该是正确的。

倘若没有医局前辈被起诉的事实，A 院长应该会坦诚地交出病历。但是，要克服"与医局前辈的关系就此恶化"等负面预测做出决断，需要一定的勇气。如果背后有人推一把，就更容易下定决心。我所承担的便是这个角色。

不管怎么说，只要 Y 向 A 医院提出公开病历的请求，A 医院就不得不接受。以后如果受到 D 医生或大学医局的质疑，只需解释"患者本人要求公开病历，不得已才给了复印件"即可。

纠纷的教训

即使是面对熟人，也不要改变应对方针

我也经常接到因激光治疗引发纠纷的相关咨询。从专科类别来看，最多的是耳鼻科，其次就是上述案例中提到的皮肤

科、整形外科。院长本人成为当事人的情况当然也有，但更多的是因非专职医生缺乏经验而引发医疗过失的情况。激光照射的强度，必须使用同样的医疗器械处理过多起病例才能控制，否则很难掌握分寸。

　　这里介绍的案例，从纠纷结构上看是极为常见的，正如开头 A 院长自己所说，甚至不能称之为纠纷。不过，当登场人物涉及医局前辈或当地医师协会的熟人时，简单的问题就会复杂化。

　　遇到这样的问题时，设法解决并不难。原则上，无论当事人有没有熟人，都不应该改变应对措施。但是，做出对应之后，对于事情会如何发展、和熟人的关系会发生怎样的变化等问题，我们最好充分思考是否有缓解负面影响的方法。

　　就这个例子而言，若提前想到用"患者本人要求公开病历资料"来解释，应该能稍稍放心吧。

通过 SBAR 解决纠纷的流程

S 情况（Situation）

之前为治疗倒睫而来医院咨询的患者在其他整形外科医院接受手术后，睫毛全部脱落，无法重新生长，患者因此准备提起诉讼。律师要求院长提供患者术前的信息，但患者的起诉对象是医局的前辈医生。

B 背景（Background）

院长担心，如果把病历作为参考资料交出去，和前辈医生的关系会因此闹僵，自己作为"出卖前辈的后辈"，和大学医局之间的关系也会受到严重影响。

A 分析假设（Assessment）

如果没有医局前辈被起诉的事实，A 院长应该会坦诚地交出病历。但克服"和医局前辈关系就此恶化"等负面预测做出决断，需要一定的勇气。我有必要在背后推他一把。

R 解决方案（Recommendation）

完全不必在意自己站在哪一边，直接交出病历。不加任何评论原封不动地交出去，至于在判决中会如何使用，院长坚持毫不知情的立场即可。

从实例中学习纠纷解决术 5

"患者自杀"引发的纠纷
压倒个体开业医生

接下来要介绍的案例,一直隐藏在我内心的某个角落,迟迟无法落笔成文,但我最终还是决定写出来。这个案例的起因是患者自杀,患者家属和医疗机构之间由此产生纠纷。

在心理科和精神科,患者的自杀是不可避免的情况。但是,即使发生了此类悲剧,若治疗周期较长,患者家属和医疗机构之间通常也不会发生纠纷。因为,对于患者的病情和用药,医疗机构大多会向患者家属进行详细说明,双方在一定程度上建立了信任关系。

问题是治疗周期较短的情况。由于打交道的时间不长,患者家属和医疗机构之间的信任关系自然也比较薄弱,一旦发生患者自杀这样的冲击性事件,患者家属无处发泄的消极情绪就会向医院方面发泄。我想这个案例也属于这种情况。

> 纠纷概要

母亲控诉"我儿子自杀都是你的错！"

"去世患者的母亲和亲戚一起来到诊所，对我说：'我儿子一周前自杀了，都是因为吃了 A 医生你开的药，你说怎么办吧！'我回答说过几天再跟您联系，让对方先回去了，接下来该怎么处理才好呢？"

给我打电话的是 A 院长，声音略显疲惫，在周边县的 X 市开设了 A 医院，主营心理科。A 院长今年四十五六岁，在公立医院工作多年后，大约在半年前新开了这家 A 医院。据他介绍，在公立医院工作时也出现过患者自杀的情况，但不是自己直接负责的患者。

公立医院有很多同事和其他医护人员。即使发生了此类事件，也不用一个人承担。这一点让人感觉很踏实。但是，如果是医生个人开设的诊所，情况就截然不同了。更何况是开业时间不长的诊所，劳心劳力的程度可想而知，我忍不住有些同情 A 院长。

迄今为止，我接到过多起精神科和心理科医院的纠纷咨询，也经历过几次因患者自杀而产生纠纷的情况。其中或许有类似的案例。我决定先详细询问一下。

第3章 | 纠纷的原因往往隐藏在"意外之处"

患者 Y 今年 24 岁，男性。大约 3 个月前，患者经由市立医院的介绍，开始在 A 医院看病。原本是因为身体不适，出现持续性头痛才到市立医院内科就诊的。然而，尽管患者坚持服药，但症状非但没有好转，反而出现了严重的抑郁症状，连上班都感到非常痛苦。市立医院的医生看到这种情况，建议 Y 去心理科治疗。于是，介绍 Y 前往 A 医院就诊。

A 院长认为，Y 的症状属于典型的适应障碍，而且处于抑郁症发病的初期阶段。第三次来医院时，A 院长发现 Y 的脖子上有淤青。当问及造成淤青的原因时，Y 回答说："有时候会想死。"据说在抑郁症的初期阶段，若不安或焦躁情绪不断累积，患者往往容易产生自杀的念头或企图。A 院长仔细倾听了 Y 的话，继续进行心理咨询，并在向 Y 本人确认过服用抗抑郁药的状态和效果之后，慎重地开了选择性血清素再吸收抑制剂（SSRI）等药品。

然而，Y 的症状却越来越严重。情绪低落，烦躁不安，身体变得越来越乏力，最近已经无法去公司上班了。A 院长减少了药量，试图改善患者的症状。当时的处理方式和双方沟通的过程，病历上都有记录。

尽管 A 院长已经如此谨慎小心了，但最终，Y 还是在自家附近的家电商店买了电线，半夜在家中上吊自杀。第二天早上，Y的母亲发现了儿子面目全非的身影。一周后，Y的母亲及其兄长（Y的叔叔）一起来到了A医院。这便是事情的经过。

尾内解决术

以意外的方式解决纠纷

精神疾病的症状因人而异，对药物的反应也各不相同。据说与抑郁症最严重的时期相比，反倒是在发病初期或恢复期等情绪相对稳定的时期，患者更容易萌生自杀念头或企图。这次的案例正好符合这一点。但即便如此，是否就能断言院长一定负有未能阻止Y自杀的责任？思考再多也无济于事，根据自己过去的经验，我给A院长提了一些建议。

首先，请Y的母亲和叔叔再次来到医院，根据病历尽可能详细地说明Y的诊疗经过。拿出市立医院开具的介绍信，详细地告诉对方Y前来A医院就诊的经过以及就诊初期的症状。

在这个案例中，最大的问题是药品。最好对照药品说明书，向Y的母亲详细说明用药的注意事项和副作用。在此基础上，A院长还要告知对方自己是出于怎样的考虑才决定给Y

开药的。Y 的母亲似乎固执地认为 SSRI 是助长自杀行为的药物，因为 A 院长给自己的儿子开了 SSRI 类药物，才导致他自杀的。

例如，SSRI 类药物之一的盐酸帕罗西汀水合物（商品名称为帕罗西汀）的药品说明书上，列出了以下"重要的基本注意事项"。

"有报告显示，可能出现不安、焦虑、兴奋、恐慌、失眠、失眠、易激惹、易怒、攻击性、冲动、精神不稳定、轻躁、躁狂等不良反应。另外，有报告称，尽管因果关系尚不明确，但在出现上述症状或行为的病例中，发现了基础疾病恶化、萌生自杀念头、自杀企图或伤害他人等行为。在密切观察患者状态及病情变化的同时，一旦发现上述症状加重，应采取适当措施，不可继续增加药量，需酌情减量或停止用药。"

另外，在"其他注意事项"中也有如下记述。

"根据国外实施的对照临床试验，以抑郁症等精神疾病患者为对象，对含有本制剂的多种抗抑郁短期安慰剂进行对照试验，分析结果显示，24 岁以下的患者出现自杀念头或自杀企图的风险要高于短期安慰剂使用者。另外，25 岁以上的患者出现自杀念头或自杀企图的风险没有上升，65 岁以上的患者其风险有所降低。"

这里我想强调的是，对于出现不安、焦躁等症状的 24 岁以下的患者，要谨慎观察病情后再用药。当然，这并不是禁忌。Y 今年 24 岁，与注意事项中提到的对象年龄刚好对应。不过，根据 A 院长的讲述，药品正如说明书中所写，根据 Y 的情况谨慎使用，我认为不应受到指责。

第三点是注意 Y 的母亲和叔叔的反应。对于 A 院长的说明，对方可能完全听不进去，敌对言行甚至变本加厉。对 A 院长的怨恨进一步加深，甚至到了无法原谅的地步。在这种情况下，A 院长越是诚恳细致地应对，就越有可能起到反效果。因此，如果对方仍然保持较强的敌对姿态，就要停止交涉，告知对方"下次会委托代理人（律师）出面协商"。

我按照自己的想法，将以上 3 点建议告诉了 A 院长。A 院长回答说："我明白了。"知道了该如何应对，院长似乎微微松了一口气。

A 院长按照我的建议，请 Y 的母亲和叔叔来医院，详细说明了诊疗、用药的经过。A 院长原本已经做好了心理准备，以为 Y 的母亲会追究用药的问题，但令人意外的是，Y 的母亲十分平静地接受了。紧接着，Y 的母亲讲了这样一番话。

"我在 Y 上初中的时候离婚了。从那时起，就经常看到 Y 闷闷不乐的样子。离婚后，为了家庭生计，我出去找工作，这可能也让 Y 感到不安。Y 出社会之后，一开始都很顺利，我也就放下心来。但是，慢慢地他就无法适应职场了……在中学这个多愁善感的时期，经历了父母的离婚，恐怕是深层原因吧。眼看着他痛苦挣扎，身为母亲却什么都没能为他做，现在感觉悔恨万分……"

Y 的母亲或许只是想把失去 Y 的悲伤发泄出去。倾诉完自己内心的想法，Y 的母亲说了一句"多谢"，就平静地离开了医院。纠纷就此顺利解决。

纠纷的教训

做最坏的打算，准备对策

纠纷解决后，我和 A 院长都松了一口气，更感到一种难以言喻的虚脱感。即使医生没有过失，但没能把患者从自杀中拯救出来，难免会感到自责。只能先接受现实，再来调整心态。

关于已故患者的家属向患者的主治医生倾诉内心莫大悲痛的案例，我经历过好几次了。双方常见的接触模式是家属主张"存在医疗过失"。但是，对方究竟是单纯为了发泄内心的苦闷（这会给医生带来很大的困扰），还是真心怀疑存在医疗过失，在早期阶段要区分清楚其实是相当困难的。在某种程度上，要先了解患者家属的言谈举止，才能判断是哪一种。

因此，在这个案例中，我建议院长根据对方的态度，做好委托律师担任代理人的准备。"做最坏的打算，准备对策"是应对纠纷的铁则。希望大家务必牢记这一点。

通过 SBAR 解决纠纷的流程

S 情况（Situation）

患者处于抑郁症发病的初期阶段。表现出自杀念头或自杀企图，院长继续提供心理治疗，并谨慎地使用了 SSRI 类药物。但是随着病情的恶化，患者最终选择了自杀。一周后，患者的母亲及亲属找上门来，要求院长"负起责任"。

B 背景（Background）

精神疾病的症状表现因人而异，对药物的反应也各不相同。与抑郁症最严重的时期相比，其实发病初期和恢复期更容易萌生自杀念头或自杀企图。

A 分析假设（Assessment）

母亲认为 SSRI 是助长自杀行为的药物，都怪院长开了这种药才导致儿子自杀，因此关键在于解除误会。

R 解决方案（Recommendation）

请患者的母亲和叔叔来医院，基于病历和药品说明书向对方详细说明诊疗、用药的经过。倘若对方完全不接受或保持敌对姿态,就立即停止交涉,告知对方"下次会委托代理人(律师)出面协商"。

从实例中学习纠纷解决术 6

深陷患者爱恨情仇纠葛的医院

近年来，关于成年监护制度的纠纷越来越多。所谓的成年监护制度，是指为保护因认知障碍、智力障碍、精神障碍等而不具备判断能力的人，选定监护人（成年监护人、保佐人、辅助人），协助当事人进行签约或决策的机制。

能够向家事法院（注：日本的基层法院之一，负责家庭纠纷事件的审判调解以及少年保护案件的审判）提出成年监护申请的必须是四等亲以内（注：配偶、父母、子女为一等亲，祖父母、兄弟姐妹为二等亲，姑舅叔伯为三等亲，堂表兄弟姐妹为四等亲）的亲属，申请时需要提供医疗机构的诊断书。因此，医疗机构也很有可能被卷入纠纷中。接下来要介绍的，便是因错综复杂的人际关系导致医疗机构陷入泥潭的案例。

> 纠纷概要

围绕成年监护申请诊断书的攻防战

"住院患者的姐姐对我说'希望您能帮忙写一份用于成年监护申请的诊断书',但患者的妻子却坚决阻止。我夹在中间左右为难,该怎么办才好呢?"

打电话来的是位于大阪近郊的 A 医院的医务科科长。我有一种不好的预感。从医务科长的寥寥数语中,已经可以看出患者亲属之间的矛盾。这起纠纷恐怕相当棘手。我打起精神,决定先仔细了解情况。

大约 3 个月前,A 医院收治了一位 60 多岁的患者,男性,名叫 X。X 是个体户,据说很有经济实力。有一天深夜,他借着酒劲闯入工地,与人起了纷争,头部被打了好多次,脑部受到了损伤。X 虽然被送到 A 医院接受了治疗,但仍然存在记忆障碍、注意障碍、执行功能障碍等脑高级功能障碍,现在也只记得自己的姓,不记得名字。

X 已婚,有一个孩子。从 X 住院开始,妻子几乎每天都来医院,全心全意地照顾他。但就在最近一个月左右,妻子不知为何不怎么露面了。

大约 10 天前,X 的姐姐 Y 突然来到 A 医院,向医院接待

第 3 章 | 纠纷的原因往往隐藏在"意外之处"

处提出了"请开具一份用于 X 成年监护申请的诊断书"的要求。在这种情况下,要求开诊断书的通常是患者的妻子。负责接待的医务科长感觉事有蹊跷,便告知对方道:"能否请您先征得 X 妻子的同意呢?"Y 回答一声"好的,我会的",就回去了。

第二天,X 的妻子出现在病房里。医务科长说:"昨天,您的嫂子来了。提出要提交成年监护申请,希望医院提供诊断书。"妻子脸上露出诧异的神色,语气强硬地说:"绝对不能出具诊断书。"

两天前,Y 再次来到 A 医院。医务科长对 Y 说:"X 的夫人拒绝出具诊断书,因此无法给您提供。"Y 回答说:"我弟弟(患者 X)已经失去了判断能力。这也太奇怪了吧。我会找律师商量的。"样子和前几天完全不同,似乎有些兴奋。

患者的妻子和姐姐 Y 之间究竟发生了什么?医务科长百思不得其解,便问负责看护 X 的护士有没有头绪。于是,护士回答说:"是不是跟那个人有关?"并说出了自己的看法。

X 住院约 1 个半月的时候,有一位女性前来探望,看样子是 X 的情人。X 的妻子正好撞见了,两人发生了激烈的争吵,又被几名护士看到了。这件事在护士站里已经传遍了,一时间猜测声四起。这种电视剧里出现的场景,竟然在现实中上演了。

179

自此以后，之前几乎每天都来探望的妻子，只是偶尔才会在 X 的病房露面。而那名疑似 X 情人的女性，之后好像又探望过一次，便再也没有出现了。X 的人际关系似乎非常复杂，姐姐 Y 要求医院出具成年监护所需的诊断书，妻子却断然拒绝，医务科长感觉进退两难。无奈之下，医务科长打电话来向我求助。

尾内解决术

尽量选择简单明了的解决方案

从医务科长的话来看，最让人费解的是，对于患者 X 的成年监护申请，为何患者的妻子和姐姐 Y 的判断会出现分歧。或许出于某些原因，两人之间产生了矛盾。难道与 X 的情人有关？看来只能直接询问当事人了。

我建议医务科长，待 X 的妻子再次来 A 医院时，直接询问对方："Y 要求出具诊断书，我上次已经拒绝了。但我想她还会再次提出要求。我无意介入您的个人隐私，但能否在条件允许的范围内，告诉我您和 Y 之间到底发生了什么？"

几天后，面对出现在病房里的患者妻子，医务科长按照我的建议，开门见山地提出了疑问。结果，对方应了一句"说来惭愧",便讲了这样一番话。

"自从 X 住院,我每天都陪着,过了一个半月左右,却意外撞见了他的情人。我完全不知道他竟然包养了情人,这打击实在是太大了。同时又感觉非常愤怒,对丈夫的感情也迅速冷却。之后,我下定决心准备离婚,但不知为何,姐姐 Y 察觉到了这一点。Y 是因为担心弟弟离婚后的事情,才想到用成年监护制度吧。"

医务科长通过电话告知我上述情况后,我不由得发出了一声感慨。他们每个人的行动都有令人信服的理由。站在 X 的立场上看,在失去判断能力的情况下,妻子单方面办理离婚手续着实令人同情,而作为 X 的姐姐,Y 想要利用成年监护制度的初衷也不难理解。另一方面,站在患者妻子的立场上看,丈夫的背叛是无法原谅的,面对出轨的丈夫,妻子也无法在今后的几十年里无怨无悔地付出。

因此,我建议的处理方针是,在避免过多介入对方个人隐私的情况下,尽量客观地做出判断。最终得出的结论是,按照 X 妻子的要求,拒绝出具诊断书。因为在现阶段,妻子仍是患者 X 最亲近的家人。两人今后或许会离婚,但作为医疗机构,没有必要顾虑这么多。

以我的经验来说,面对错综复杂的个人情况,要尽量避免介入，得出简单明了的结论即可。一旦踏入泥潭，在对方要求做出某种判断时，就很难站在客观、中立、公正的立场上进行判断。我把自己的想法传达给了医务科长，他答道："我明白了，我会这么做的。"接着就挂断了电话。

后来，当 Y 再次来到 A 医院时，医务科长便果断告知对方："由于 X 的夫人不同意，因此无法出具诊断书。"之后，Y 就再也没有来过医院。

纠纷的教训

避免介入隐私，客观地行动

后来，听医务科长说，X 的妻子来 A 医院的次数有所增加。或许，在刚撞见丈夫的情人时，妻子一时间怒上心头，满脑子都只想着离婚，但随着时间的流逝，她逐渐冷静下来，改变了想法。虽然不知真相究竟如何，但我内心希望如此。

不难想象，今后，医疗机构里关于老年患者成年监护制度的纠纷将会越来越多。应对方法虽然取决于纠纷的具体内容，但像这个案例一样，最基本的原则是，避免过多介入个人隐私，尽量客观地采取行动。在医疗机构不得不介入的情况下，务必事先划定好范围，这一点希望大家牢记。

通过 SBAR 解决纠纷的流程

S 情况（Situation）

住院患者脑部受损，伴有记忆障碍等脑高级功能障碍，患者的姐姐来到医院，要求开具用于成年监护申请的诊断书。但患者的妻子却坚持"绝对不能写"，医院夹在中间左右为难。

B 背景（Background）

妻子知道了丈夫包养情人，正在办理离婚手续。告知患者的姐姐"由于患者的夫人反对，因此无法出具诊断书"之后，对方回答："这也太奇怪了。我要找律师商量。"

A 分析假设（Assessment）

站在患者的角度来看，在丧失判断能力的情况下，妻子单方面办理离婚手续，着实令人同情。姐姐 Y 想要利用成年监护制度也不难理解。站在妻子的立场上，丈夫的背叛是无法原谅的。每个人的行动都有令人信服的理由。

R 解决方案（Recommendation）

避免过多介入个人隐私，以客观判断为基本原则。具体来说，就是接受患者妻子的要求，拒绝出具诊断书。因为在现阶段，患者妻子仍然是患者最亲近的家属。

从实例中学习纠纷解决术 7

是否应该收治其他医院转来的"口出恶言的患者"

尽管绝大多数医患纠纷都来自医院自己的患者,但这次要介绍的案例却有些与众不同。具体来说,便是从其他医院转来问题患者时,应该采取怎样的方式应对。

根据介绍信(提供患者的诊疗信息)上所写,患者在原来的医疗机构发生了纠纷。对于这样的患者,转诊的医疗机构应该收治还是拒绝?这是一个令人十分头疼的问题。

不愿意接收在其他医院发生纠纷的患者,这也是人之常情。但也有观点认为,不能盲目听信一面之词,还没见过面就将对方认定为问题患者的做法有失妥当。

请大家带着这些问题,一起来看接下来的案例。

> 纠纷概要

介绍信上写着口出恶言患者的行径

"其他医院想介绍患者转到我们医院来,但那名患者的言行好像有很多问题。目前我们还没有正式接收。说实话,我有点想拒绝,尾内先生您怎么看呢?"

打电话来的是 A 医院的 A 院长,该医院位于中部地区,以透析为主。其实,以前我也接到过 A 院长的咨询。

介绍患者 X 来的是负责患者日常转院的 B 综合医院。即便如此,A 院长怎么知道送来的患者是问题患者呢?

据 A 院长所说,B 综合医院发来的诊疗信息单上,记录着患者 X 曾辱骂护士和临床工学技师(ME)。A 医院与 B 综合医院平时也会相互介绍患者,对于发生的事情都会毫无隐瞒地告知对方。诊疗信息单写着以下内容。

"患者 X 从今年 1 月开始在本院接受透析治疗,每周 3 次。本院透析设备数量较少,医护人员的更换也较为频繁,可能是技术方面还有些不成熟,X 逐渐开始恶语相向。我们想尽办法安抚 X,但情况并没有改善。我们已告知 X 本人,考虑到现场护士和 ME 技师的心理状态,很难继续为其提供治疗。希望您能在充分了解情况的基础上,慎重考虑收治患者。"

从诊疗信息单上可以看出，B 综合医院已经不堪其扰。不过，这里所写的内容虽然可以作为了解患者 X 的参考，但 X 为何会对护士和 ME 技师恶语相向，原因却并不明确，只是隐晦地提到了"技术方面尚不成熟"。在我看来，如果能弄清楚对方口出恶言的原因，并且能够在 A 医院顺利解决的话，那么收治患者 X 也未尝不可。

> **尾内解决术**

用一张 A4 纸防患于未然

由于这次的线索很少，因此考虑对策时不能贸然下决定，必须收集更多的有效信息。我告诉 A 院长："给 B 综合医院 X 的主治医生打个电话，问问 X 为什么会恶语相向。"B 综合医院应该已经找到了 X 口出恶言的原因。

我建议 A 院长，如果主要原因是 B 综合医院，不妨先与患者 X 进行一次面谈。另一方面，倘若 B 综合医院没有过错，纯粹是患者 X 无理取闹，就可以拒绝收治。

与 X 面谈时，最好以"本院诊疗方针与相关规定的说明（保证书）"为主题，准备一份文件，在文件最下方设置签名栏，请患者签字。文件需写明 A 院长的诊疗方针和院内相关规定。

最后请患者签字至关重要。虽然不清楚这个协议具备多大的法律效力，但只要对方没有恶意，应该就有一定的约束力，也可以成为拒诊的理由。

A院长全盘接受了我的建议，并立即采取了行动。第一时间给B综合医院X的主治医生C打了电话，询问了具体情况。

据主治医生C所说，两三个月前，两名资深护士相继辞职，患者做穿刺时引发了纠纷，当时医护人员的回应过于"官方"，X的谩骂也因此变本加厉。

面对透析患者，穿刺操作的巧拙往往是引发纠纷的原因。针对这一点，A医院以透析为主，经验丰富的员工自然不在少数。在穿刺技术方面，A院长有着不亚于B综合医院的自信。

对于第二点建议，A院长的行动也非常迅速。当天晚上，A院长就将"A医院诊疗方针与相关规定的说明（保证书）"用传真发给了我。A院长将诊疗方针与相关规定都总结在一张A4纸上，我所建议的内容也明确包含其中。

几天后，A院长和事务长一起与X进行了面谈（为以防万一，我建议让男员工陪同）。当院长向X递上保证书，要求他签名时，X竟然没有表现出丝毫的抵触情绪，十分爽快地答应了。

之后，X开始在A医院就诊，截至目前没有出现任何问题。

本院诊疗方针与相关规定的说明（保证书）

·在院内请遵从机构运营负责人兼院长的指示。

·请严格避免给其他患者造成不良影响的行为（透析时打电话、大声说话等）。

·禁止妨碍本院医务人员的正常工作。

·对本院医务人员一旦出现暴力、谩骂、威胁等行为，本院将立即报警。

·请爱惜本院的医疗设备和器材。

请严格遵守以上的规定。若违反相关规定，本院将拒绝提供诊疗。感谢您的理解与配合。

院长

本人同意以上内容，并保证严格遵守。

（患者签字）〇〇〇〇

> 纠纷的教训

看清患者的恶劣程度，决定应对措施

这个案例的关键在于，看清楚恶语相向的患者 X 的恶劣程度。X 的不满只有一点，那便是"希望穿刺做得好一点"。从我听到的内容来看，X 并没有提出任何不合理的要求，也没有表现出任性自私的态度。当然，作为一个成年人，放任自己的情绪恶语伤人是不可取的。不过，如果是在专门做透析的 A 医院就诊，X 的不满情绪应该会得到缓解，粗暴的言行自然也会消失。

对于 X 今后的表现，暂时还不能放松警惕。倘若穿刺时操作不当，可能会引发和 B 综合医院一样的纠纷。在这种情况下，要拿出 X 签下的保证书，考虑停止提供诊疗。关键是要先发制人，双管齐下。今后，比起 A 医院，B 综合医院更令人担忧。恐怕有必要通过研修等方式来提高穿刺技术吧。

通过 SBAR 解决纠纷的流程

S 情况（Situation）

医院发来的患者介绍信上，写着患者出言辱骂护士和临床工学技师，医院无法继续为其诊疗，便介绍患者转到 A 医院。知道对方是问题患者，A 医院犹豫是否要收治患者，收治之后又不知该如何处理，为此苦恼不已。

B 背景（Background）

患者原来的医院先后有两位资深护士相继辞职，患者做穿刺时引发了纠纷。当时医护人员的回应过于"官方"，患者的怒火因此点燃，之后，患者的谩骂变本加厉。

A 分析假设（Assessment）

患者似乎无意为难医疗机构和医务人员。患者的诉求只是"顺利地进行穿刺"。如果在这家专门做透析的医院就诊，X 的不满应该会消失。

ⓡ 解决方案（Recommendation）

制定"本院诊疗方针与相关规定的说明（保证书）"，禁止谩骂等扰医行为，征得患者同意并签名后，可正式接收患者。如果患者出现问题，可以拿出文件作为拒诊的理由。

从实例中学习纠纷解决术 8

医生的好意引发纠纷的荒唐故事

如果说医生一心为患者着想,出言关怀患者,却反而成为医患纠纷的导火索,大家可能会觉得十分诧异,感慨"这怎么可能"。然而,这样的纠纷却在现实中上演了。

当然,如果对方是一名极为普通的患者,就没有任何问题。但如果是妄想症或疑似边缘性人格障碍的患者,那么医生的关怀很可能会招来恶果。当然,如果一开始就发现对方有这方面的倾向,也可以采取相应的对策,但正是因为不知内情,才格外麻烦。

在接下来要介绍的案例中,院长待人和善,对每一位患者都很好,会耐心地倾听患者的烦恼。然而,良好的人品和体贴的举止,在面对自以为是的患者时,有时也会引发误解,惹来麻烦。一旦"自以为是"的开关被打开,关怀就会被误解为"爱意",小心保持距离反而会被认为是"背叛",患者也会将怒火发泄在医生身上。接下来,我们来看实际案例。

纠纷概要

陷入与院长的恋爱妄想并跟踪对方的患者

"来我们医院看病的一个名叫 X 的女患者一直缠着我,说'想和我结婚',实在是让人头疼不已。那位患者似乎认为自己和我是两情相悦,但我从来没有说过让对方误解的话,也不知道为什么会变成这样。我已经结婚了,妻子和我一起在诊所工作。这几天,X 开始徘徊在诊所附近等我回来。当然,我并没有理会,但实在担心 X 会不会做出什么出格的举动……有什么好的对策吗?"

给我打电话咨询的是位于大阪市内的 A 皮肤科诊所的 A 院长。这家诊所开业已有 20 多年,有着很高的人气。跟踪院长的女患者 X 今年 60 岁,很久以前就和丈夫离婚了,家里有一个 30 多岁的儿子。

为了治疗皮肤炎,X 从两个月前开始在 A 诊所就诊。一开始 X 很少谈论自己的事,院长也不太清楚她的情况。但随着就诊次数的增加,双方交谈的次数也越来越多,关系也融洽了。A 院长回忆说,X 曾提到她在精神科看过病。在此期间,A 院长时常收到 X 给他写的信。信上竟然写着"等了 10 年才遇到的人""我想和 A 医生结婚""命中注定的人"等内容。A

院长决定与 X 保持距离，X 来医院就诊时也会尽量避嫌，以极为客套的方式应对。结果却收到写有"医生不是说要跟我结婚吗？""为什么要掩饰自己的心意""我会一直等下去"等内容的信。

不仅如此，数日后的某天傍晚，诊所的员工告诉 A 院长："X 从刚才开始就一直在诊所附近徘徊。"A 院长隔着窗帘往外一看，确实发现了 X 的身影。此时距离诊疗结束还有 2 个小时左右，X 明显是在等 A 院长出来。

A 院长说"感觉很害怕"。发现被人埋伏，院长忍不住担心后面可能发生的事，也无法集中精神进行治疗，于是抱着抓住救命稻草的想法给我打了电话。

尾内解决术
先发制人，予以反击

"X 还在诊所附近吗？"我问道。A 院长回答："是的，她还躲在电线杆后面，一直站在那里。"在我接到的纠纷咨询中，求助者大多希望得到"立即就能用上"的应对方法。这次的情况更是格外紧急，只要我给出建议，对方立即就会采取行动。

195

从患者本人的话来看，X可能患有某种精神疾病。在这种情况下，无论A院长为了消除误会而作何解释，只怕也是收效甚微。正如我开头所提到的，如果强烈否定X的臆想，对方或许会将其视为院长的"背叛"，从而采取报复行动。这次的埋伏，也许就是报复"开始"的信号，我想不能选择无视或放任不管，必须好好应对，抢占先机予以反击。于是我给出了以下建议。

首先，让诊所的医护人员拿着录音笔，走过去问X："从刚才开始您好像就一直在这里，请问找诊所有什么事吗？如果需要诊疗的话，您可以先进去。"然后观察对方的反应。在这种情况下，作为患者的妄想对象，A院长最好不要直接出面。因为如果刺激太大，就有可能真正触发对方"报复"的开关。

据我猜测，X恐怕既不愿意接受治疗，也不打算直接回家吧。倘若真是这样，对方可能会无视医护人员的询问，继续等待A院长，在最坏的情况下，还可能会歇斯底里地闹事。因此，要提前录下与X之间的对话，一旦对方有闹事的迹象，就立即报警。

如果X回答"我在等A院长"或"我和A院长约好了见面"，就要明确告知对方："你的行为已经给A院长造成了很大的困扰。如果继续纠缠不休，我们会找警方商量，采取相应的手段。"从这次的跟踪行为来看,"警察"这个字眼应该会有效果。当然,如果这样还不起作用的话,我让 A 院长届时再联系我。

A 院长马上向诊所的员工说明了情况,请对方帮忙。员工出面询问 X 时,她回答说"我在等人",员工便按照我的建议警告 X 说,她的行为已经给 A 院长造成了很大的困扰,院长准备找警方咨询。X 闻言似乎大吃一惊,但之后就默默地离开了。

又过了将近 10 天,X 一直没有出现在 A 院长的面前。

纠纷的教训

热心肠也要适可而止

从这个案例来看,还不能完全放松警惕。如果 X 再次出现,在找警方咨询的同时,也要和 X 的儿子取得联系,请他协助制止 X 纠缠不休的行为。

我个人也很了解 A 院长。他性格开朗,待人亲切和善,体贴入微,A 诊所也因此在当地汇聚了很高的人气。可能 X 不知在何时感受到了 A 院长的关怀体贴,产生了依赖心理,自己的内心情感也逐渐失控。

这里我再重复一遍,好心惹来麻烦,实在是不合理。换作是态度冷淡、漠视患者的医生,就绝对不会遇到此类麻烦。如此想来,总觉得让人难以接受,但这就是现实。凡事都要适可而止,这或许是现在待人接物的诀窍。

通过 SBAR 解决纠纷的流程

S 情况（Situation）

一位 60 岁的女患者，单方面对院长产生了爱慕之情，几乎每天都等着与院长见面。患者认为二人是两情相悦。患者曾在精神科就医。

B 背景（Background）

院长从来没有说过让患者误解的话。院长已婚，妻子也在诊所工作。患者一开始给院长写了不少表达自己心意的书信，院长不予理会后，便跟在院长身边纠缠不休。

A 分析假设（Assessment）

如果强烈否定患者的想法，患者可能会将其视为"背叛"，并采取报复行动。跟踪院长或许就是报复开始的信号，必须好好应对，抢得先机。

R 解决方案（Recommendation）

请诊所的其他医护人员出面，询问跟踪院长的患者

"你在这里做什么",并告知对方"你的行为已经给院长造成了很大的困扰,如果继续纠缠不休,我们会找警方商量,采取相应的手段"。另外,与患者的儿子取得联系,请对方协助。

从实例中学习纠纷解决术 9

"点评网站上出现了本院的差评！"
真相出人意料

随着互联网的普及，任何人都可以轻易地获取各种各样的信息。对于患者而言虽然便捷了许多，但另一方面，若患者搜索信息时存在误解或先入为主的观念，或误信了不实信息，也会让医生感到为难。

网络社会的好处不仅在于信息的检索，还可以通过社交网络服务（SNS）和点评类网站等广泛传播信息。接下来要讲的是网络相关的纠纷。在我所接到的咨询中，因在点评网站上留言而造成名誉受损，或因子虚乌有的恶意中伤而引发纠纷的实例也在不断增加。不过，就其中某些案例而言，医疗机构并非单方面的受害者。

> 纠纷概要

被患者的实名留言激怒的院长

"前几天,有个员工联系我说,点评网站的帖子上写着本院的差评。我们医院被人指名道姓,在那个网站上写了不少抹黑医院的留言,是本院的患者实名发帖上传的。我想尽快删除这些留言,是直接要求那位患者删除比较好,还是应该给对方发催告函呢?"

打电话来咨询的是位于大阪周边县的 A 医院的 A 院长,该医院主营内科、儿科。院长的声音听起来相当气愤。在点评网站上发帖的是一位 50 多岁的患者,名叫 X 先生,患有糖尿病及其并发症,从 3 年前医院开业时开始,就一直在该院就诊。

我问 A 院长:"上面都写了些什么内容?" A 院长的回答出乎我的意料。他说:"帖子上列出了'不管什么时候去都是人挤人''医生看病不仔细,感觉很随便''等待时间太长'等诸多不满之处。看了这些评论,大家对本院的印象一定很差。尤其是那条'给患者看病很随便'的评论,简直是不可原谅。"

说实话,我感到有些沮丧。这些与其说是差评,不如说患者只是在如实陈述自己的真实感受。我感觉有必要先向 A 院长确认一下。

我向 A 院长询问了医院的患者人数和拥挤程度等情况。当天上午的患者数量为 70 人，加上下午就诊的患者，共有 120 人左右。其他日期的患者数量也大致相同。医生只有 A 院长和夫人（副院长）两人，夫人负责儿科。患者数量在内科诊所中算是相当多的了。在 A 医院附近（半径 500 米的范围内），共有 3 家主营内科的诊所，A 医院虽是最晚开业的，但患者数量反倒是最多的。

经营状况虽然看似良好，但 A 院长在开业前所描绘的医疗事业蓝图究竟能否实现呢？据我推测，医院现在疲于应付眼前的患者，精神上过于紧绷，对于网络上的一些并不算过分的留言，也表现得反应过度。基于这一点，我向 A 院长提出了以下建议。

尾内解决术

思考对策改善就医条件，要求删除评论

首先，我直截了当地告诉 A 院长，对于患者 X 的留言，他的理解是错误的。从院长的描述来看，X 似乎没有刻意抹黑 A 医院的意图。相反，A 院长作为来院就诊的众多患者的代言

人，更应该倾听 X 的意见。

我忍不住想要提醒劝诫 A 院长。

在医院只有 2 名医生的运行机制下，每天要接诊 120 名患者，显然已经超出了"合理的人数范围"。在这种情况下，能否确保医疗质量确实令人担忧。准确地说，问题已经开始暴露了。

"X 就是所谓的'煤矿里的金丝雀'，会在第一时间告知我们异常情况，我们不妨积极地去看待。"经我提醒，A 院长似乎也察觉到了，他反省道："确实，自从开业以来，就只顾埋头向前，没有观察周围的情况。"

因此，具体的应对措施就此敲定，等 X 下次来医院时，告诉对方自己已经看到了留言，诚恳地接受 X 指出的不足之处，并承诺加以改善。同时提出具体的改善对策，例如导入预约系统，缩短患者的等待时间等。即便无法立即执行，光是提出计划或构想也能增加说服力。

在此基础上，坦诚地向对方提出"删除评论"的请求。如果自己提出的意见受到重视，无论是谁都会心生好感吧。为了展示自己的诚意，提出具体的改善对策是必不可少的。

至于患者的数量，虽然无法在短时间之内减少，但要作为发展中期的改善课题，考虑充分运用预约机制等措施，花时间逐步控制患者数量。

我将这些建议告诉 A 院长，A 院长也欣然接受，答应我说："下次 X 来医院时，我再执行。"后来，A 院长按照我的建议，向 X 传达了自己的想法，并告知对方将通过导入预约制等方式予以改善。X 闻言说道："刚开业时接待患者的热情体贴，现在已经很难看到了，我很介意这一点，就在网上发帖留言了。实在是很抱歉。"表达了自己的歉意，并同意删除评论。

纠纷的教训

发展形势越好，对"煤矿里的金丝雀"要越敏感

听到 X 说"刚开业时接待患者的热情体贴，现在已经很难看到了"，A 院长进行了深刻的反省。这样的征兆必然会出现，但在绝大多数情况下，这些征兆都被当作"单纯的投诉"而遭到忽视。患者越多，工作越忙，就越需要提高敏感度，时刻注意周围可能出现的"煤矿里的金丝雀"。

通过 SBAR 解决纠纷的流程

S 情况（Situation）

院长发现点评网站上写着自己医院的差评。具体包括"总是很拥挤""医生看病很随便""等待时间太长"等内容。院长对"医生看病很随便"的描述感到气愤不已。

B 背景（Background）

帖子由一位 50 多岁的男患者实名所写，患者从 3 年前医院开业时开始就经常前来就医。尽管是该地区开业时间最晚的诊所，但由于每天都有 120 名左右的患者前来就诊，所以总是人满为患。

A 分析假设（Assessment）

留言内容并没有恶意。反倒是第一时间告知异常情况的"积极投诉"，应该冷静地看待。但是，有必要消除网络上的负面评论所带来的不良影响。

R 解决方案（Recommendation）

留言的患者下次来医院时，诚恳地接受对方指出的不足之处，并提出具体的改善对策，例如导入预约系统，缩短等待时间，要求员工更加细致地应对患者等，在此基础上，请对方删除评论。患者的数量需要花时间逐步控制。

从实例中学习纠纷解决术 10

只要视线交汇就吵嚷着"性骚扰"的女患者

我曾听朋友说过:"乘坐满员电车时,一定要举起双手。"理由是为了降低被人冤枉成色狼的风险。

我心想"这也太夸张了吧",但仔细听了他的话,却产生了"那么做确实比较妥当"的想法。一旦被人当成色狼,交给警方,受害者的证词几乎100%会被采用,想要洗脱罪名简直难如登天。也就是说,被判有罪的概率将无限接近100%。甚至还有一部以色狼冤案事件为题材的电影,名为《即使这样也不是我做的》(2007年,周防正行导演)。

即便是被冤枉的,但只要遭到怀疑就几乎没有翻案的机会,因此避免他人起疑心的行为就意味着极其正确的选择。

为什么要谈这个话题呢?因为在我最近接到的咨询中,有一起咨询"女患者投诉性骚扰,该怎么办才好"的纠纷案例。

在医疗现场,触摸、观察患者的身体是理所当然的。从另

第3章 | 纠纷的原因往往隐藏在"意外之处"

一个角度来看,也是一个极易引发性骚扰争议的工作场所。如果说所有在医疗现场工作的男性,随时都有可能被卷入性骚扰冤案,是否有些言过其实呢?

纠纷概要

高人气 PT 被卷入性骚扰指控的旋涡

"刚才,患者 X 女士打来电话,说'能不能管管那个叫 A 的 PT(理疗师)啊。前几天就一直盯着我看,还用很下流的语气跟我打招呼,感觉非常恶心'。实际上,这是患者 X 的第二次投诉了。第一次投诉是在两个月前,当时我们已经把 A 从患者 X 的康复训练负责人名单上撤下来了,但这次又收到了'遭遇性骚扰'的投诉。到底该如何应对呢?"

位于大阪市内的 B 整形外科医院的 C 事务长打来了这样一通电话。关于性骚扰的咨询,我也接到过好几次。重要的是,要向双方当事人仔细问清楚情况。听信一面之词贸然行动,可能会铸成大错。

据 C 事务长介绍,患者 X 主诉脖子到腰部疼痛,从 1 年前开始在 B 整形外科医院就诊。诊断为颈肩腕综合征和腰椎扭伤,接受了理疗师的牵引治疗和温热疗法。A 则是医院里几名PT的负责人，待人接物和善友好，在患者中也很受欢迎。

温热疗法等相关治疗在康复室进行，但不是单间，而是用隔板隔开的空间。而且，周围还有其他PT和患者。在这种情况下，当真能像患者X所主张的那样进行性骚扰吗？我决定向C事务长仔细问清楚。

患者X第一次投诉是在两个月前，当时C事务长便把A叫出来询问情况。A回答说："我完全是被冤枉的。像对待其他患者一样，对X进行治疗，没有任何性骚扰的举动。"询问其他PT时，得到的回答也都是"不可能有性骚扰"。不过，其中一名PT提供了这样的信息。

"X女士非常喜欢女性周刊杂志上的八卦话题，尤其是爱恨恩怨交织的戏码，每次做治疗时都会提起这方面的话题。我对这些不太感兴趣，一般就随便应付一下，但A会附和对方，把话题聊下去。难道是因为这一点，才引起了误会？"

向其他PT了解过情况后，C事务长认为A应该没有问题，但为了慎重起见，他还是向院长建议把A从X的负责人名单上撤掉。而事实上，X的治疗已不再由A负责。于是，A提醒X，可以趁自己周三休息时预约治疗。

但是，由于X每周需要去两次医院，所以两人还是会碰见一次。X第二次投诉是在C事务长给我打电话的前一天。当时，A 已经不再负责 X 的治疗，两人除了寒暄之外应该没有任何交谈。但为什么还是出现了性骚扰投诉呢？

我向 C 事务长提出了这个疑问，他回答说："我也不太清楚。X 说'他用猥琐的眼神盯着我''肯定是对我有意思，到现在还主动跟我打招呼'，我把 A 叫出来问了一下，结果他说'饶了我吧。我根本没有那方面的意思'，A 好像也很为难。"

尾内解决术

站稳"不惜中止诊疗"的基本立场

从 C 事务长的说法来看，A 应该是没有问题的。问题可能出在 X 身上。如果只是视线交汇、打声招呼就吵嚷着"性骚扰"，我想可能是心理方面存在某些问题。以此为前提，我给出了以下建议。

第一，坚定立场，必要时不惜中止 X 的诊疗。从目前掌握的信息来看，A 对待患者的方式并没有问题。如果 X 执意要投诉，就 B 整形外科医院的立场而言，应该优先保护员工。对于患者 X，不妨直截了当地告知对方："我们无法确认性骚扰的事实。如果您对本院不满意，我们可以介绍您去其他医院。"

第二，掌握关于X的更多信息。X很容易钻牛角尖，自我意识过剩，很可能患有精神方面的疾病。必须让院长或PT进一步了解这方面的情况。

第三，以此为契机，召集员工们探讨如何才能避免被患者误解为性骚扰。如果是和患者有身体接触的业务，即便是对方主动搭话的闲聊，也应该尽量避免开黄腔。C事务长立即将我的建议传达给了院长，并采取了相应的行动。过了一周左右，C事务长再次与我联系。院长先询问了X既往病史，得知她直至半年前，因抑郁症一直在精神科诊所就诊。不过，现在已经不去诊所了。因此，X表现出自我意识过剩的言行，很可能是由精神疾病引起的。

另外，C事务长还找时间把X叫到了另一个房间，当着院长的面，对X说："您好像对本院十分不满，我们可以给您介绍其他医院。"X生气地说："你们是要赶我走吗？"经过一番沟通，她又说道："我很喜欢现在负责的PT，能继续为我治疗吗？"C事务长自然是答应了，但又叮嘱道："今后，如果只是视线交汇您就指控性骚扰的话，我们将终止治疗。"对方回答说："我知道了。"此后，X又来过几次医院，但一切正常，无事发生。

纠纷的教训

与患者闲聊要把握分寸

也许有人认为这只是个特殊案例，但事实上，医疗机构要面对的人可谓形形色色。假设以 10 年为单位来看，难免也会碰到像 X 这样固执、自我意识过剩的患者。因此，遇到这类患者时，就有必要冷静地采取"不同于一般患者的应对方式"。

通过这个案例，我意识到与患者交谈时也要把握好分寸。究竟有没有发生性骚扰，如果争论起来，恐怕会变成没有结论的"抬死杠"。最重要的是，为避免性骚扰的嫌疑，职场上切忌讲荤段子。在如今这个时代，为了降低被冤枉成色狼的风险，乘坐满员电车都要举起双手，医疗机构或许也应该学习这种精神。

通过 SBAR 解决纠纷的流程

S 情况（Situation）

一位女患者投诉说："PT 对我进行了性骚扰，请你们管一管。"虽然已经把这名 PT 从患者的负责人名单上撤掉了，但对方依然指控说"他总是用猥琐的眼神盯着我"。事务长向当事人和其他 PT 询问情况后，得到了答案是"完全是被冤枉的"。

B 背景（Background）

患者主诉脖子到腰部出现疼痛，从 1 年前开始在医院就诊。正在接受 PT 的牵引治疗和温热疗法。患者因抑郁症一直在精神科诊所就诊，直至半年前。

A 分析假设（Assessment）

经过医院内部的调查，无法认定 PT 存在性骚扰行为，患者的自我意识过剩可能是造成误会的原因所在。仅仅是视线交汇，患者就吵嚷着"性骚扰"，可能是有心理方面的问题。

R 解决方案（Recommendation）

明确告知患者无法确认性骚扰的事实，倘若对结论有所不满，可以介绍她去其他医院。此外，还要提醒患者："如果只是对视就吵嚷着遭到性骚扰的话，本院无法提供诊疗。"

第4章

另辟蹊径！投诉狂魔的应对之道

第4章 | 另辟蹊径！投诉狂魔的应对之道

与经常惹上警察的"怪物患者"不同，投诉狂魔不会轻易招惹警察。

品性恶劣的投诉狂魔往往非常谨慎，行动时会刻意避免出现器械损坏或肢体冲突等情况。大多数投诉狂魔都会小心行事，生怕惹上警察。他们的惯用手段是防止对方报警的同时，以自我为中心没完没了地进行骚扰。根据我的经验，投诉狂魔一般具备以下特征。

现在或过去拥有一定的社会地位，或社会地位不高但具有极强的自尊心，谨慎小心，头脑灵活，知识丰富，固执且难缠。

他们不会像怪物患者那样，对医务人员大吼大叫或闹事耍横，而是通过电话、短信等方式提出各种各样的要求。不同于怪物患者，投诉狂魔待人处事的态度比较温和，医疗机构往往会因此放松警惕，以耐心倾听对方诉求的方式应对。

然而，这里隐藏着一个巨大的陷阱。

对于这些患者的条件或诉求，如果抱着"只要以诚相待，对方应该就能理解"的想法去应对，不仅不能解决问题，反而会深陷泥沼。投诉狂魔看透了医疗机构想要息事宁人的意图，会不断地提出更过分的要求。他们的诉求永远无法满足。最终会导致医疗机构超出自己所能承受的上限，现场变得疲惫不堪。

为防止出现这种情况，我们必须采取相应的对策。解决问题的关键在于抓住投诉狂魔"谨慎小心"的心理。例如，即使没有发生需要警方介入的情况，也要特意去找警方咨询，并将实情告知投诉者，也能起到意外之功。"谨慎小心"既是投诉狂魔的强项，也是他们的弱点。

从实例中学习纠纷解决术 1

"你这样还算是医生吗？"
对医生恶语相向的患者

我一般把医患纠纷分成三类。大家不妨想象一下三层结构的金字塔。最上面一层是怪物患者。在这一层所引发的纠纷中，出现暴言暴行的风险较高，经常需要警方的介入。不过，从我接到的咨询数量来看，这类纠纷已经处于"居高不下"的状态。

位于金字塔中层的是"令人头疼的患者"，也就是投诉狂魔。虽然不至于惊动警方，但这些投诉狂魔以自我为中心的态度，长期困扰着医院工作者。有时解决起来比应对怪物患者还要棘手。而金字塔的最下层，就是提出投诉的普通患者。不过，即便是普通患者，宽容程度也远不如过去。

接下来介绍的是位于金字塔中层的投诉狂魔的典型案例。相比于怪物患者，投诉狂魔的实际情况更加难以把握，而且为了避免警方的介入，他们会采用各种手段，巧妙地展开攻势，试图以此满足自己的不合理诉求。对于一家基于"性善论"思考问题，且院长和员工的人品都很好的医疗机构而言，一旦遇上这种类型的患者，将会发生什么呢？请大家看接下来的案例。

纠纷概要

向院长接连发问、故意找碴儿的患者

"有一位患者每次来医院，都会接二连三地向我提出各种问题。一开始我还很认真回答，但对方越来越过分，实在是让人有些吃不消。这时，患者突然说：'这里测量血压的方法不对，你这样还算是医生吗？'我忍无可忍，就反驳说'这里不是给你讲课的地方'。结果，那位患者向保健所举报，说我们无故拒诊，保健所的负责人因此还找我们询问了情况。以后该怎样应对这位患者呢？"

打电话来的是 A 医院的 A 院长，在大阪府内开了一家内科、循环科诊所。A 院长和我是老相识，印象中他是一个性格温和、很会照顾人的老好人。连他都忍不住发火了，看来事情相当严重。我决定先仔细了解情况。

患者名叫 X，男，今年 61 岁。60 岁退休，现在没有工作，和妻子两个人一起生活。他从 7 年前开始就一直在 A 医院看病，最初是为了接种流感疫苗，每年会来一两次，但退休之后，每周都来三四次。

X 的血压偏高，除此之外并没有发现其他异常。每次来医院，他都会详细地询问怎么吃药、怎么看抽血检查的结果、血压计的测量方法等问题。X 自己也会从书上或在网上查找资料，不停地询问院长或其他医护人员"如果数字是这样的呢？""为什么不能这样测量呢？""原因是什么？"等一连串问题。X 还把自己记录的几本"学习笔记"带到 A 医院，向院长和医护人员炫耀自己是如何学习的。的确，热衷于学习是件好事，但他提问的方式总给人高高在上的感觉，并没有向别人"虚心求教"的态度。

事情大约发生在 10 天前。X 在 A 医院提了很多血压测量方法相关的问题后，就开始刻意找碴儿。A 医院的血压测量方法之一是将袖带卷在轻薄衣物外面进行测量，X 拿起袖带，得意扬扬地挑衅 A 院长道："你是循环科的医生吧，这种测量方法也太奇怪了，你真的是医生吗？"

就连一向温文尔雅的院长，也被他这句侮辱性的发言激怒了。于是反驳对方说："测量方法没有错，这里也不是给你上医学课的地方。其他患者都在等着看病呢，您请回吧。" X 一

223

脸不高兴地走出诊室，嘴里嘟囔着内心的不满，随后离开了医院。

而3天后发生的事情，让A院长大吃一惊。

当地保健所联系医院说"X先生投诉说自己在A医院被拒诊了，针对这件事情，我们想上门了解一下情况"。后来才知道，除了保健所之外，X还用传真向大阪府厅乃至厚生劳动省都发送了"自己在A医院遭到拒诊"的情况说明文件。上面是这样写的。

"我多次向A院长提出面谈，但对方都没有同意。最终结果就是，尽管我身为患者，但A院长却始终拒绝与我面谈。就这次的事件而言，A院长缺乏医生的职业道德，言行方面也很有问题。可见，A院长显然触犯了医疗法和医师法。"

接到保健所的通知后，A院长感到忐忑不安，便打电话向我咨询，这就是事情的大致经过。

尾内解决术

"自尊心强的懦夫"就害怕警察

听了A院长的话，我不禁感慨这类患者真是出乎意料地多。内容品质的好坏姑且不论，现在只要在网上随手一搜索，就能获取堆积如山的医学信息。电视上也经常能看到医疗类节目。普通人关注疾病虽然是件好事，但前提是要掌握正确的知识。为了便于观众理解，电视节目等渠道在介绍时会将故事简单化，但因此引发误解的情况其实也不在少数。

X退休后，也经常利用空闲时间来获取"现学现卖的知识"，并据此反复向医生或护士提问进行试探。一旦得到的答案与自己突击获取的知识不同，或发现超出自己认知的场景，就不停地追问医生或其他医护人员，最终得出"你们都错了"的结论，沉浸在自我满足之中。

一周来好几次，每次都追问不休，实在是让人忍无可忍。不仅如此，对方还故意向保健所和厚生劳动省举报，性质十分恶劣。对于这种恶意扰医的患者，完全没有必要像对待普通患者一样宽容大度。应对的方针也十分明确。我给出了以下建议。

首先，对于保健所的询问，如实陈述前因后果即可。实际上，医院从未拒诊，只要查看病历就一目了然。更准确地说，医生竭尽全力服务患者，却被对方恶语相向，A医院才是受害者。关于血压的测量方法，在轻薄衣物的外面卷上袖带测量，也能得到允许范围内的数值，这是所有的医生都知道的常识。X的说法是错误的，对A院长的侮辱性发言也不可原谅。

以我的经验来说，投诉狂魔通常分为多种类型。根据A院

225

长的描述，我确信X属于"自尊心很强，但实际上却胆小怕事"的类型。因此，可以在X下次就诊之前，先找警察商量，并在X再次来医院时，将其如实告知对方。找警察商量时，用一两张A4纸提前将事情的来龙去脉整理好。希望警方能够提供必要的协助。只要行动起来，内心的烦躁不安就会消失。

院长答应会按照我的建议采取行动。后来，保健所的负责人前来了解情况，院长根据病历详细说明了事情的经过，负责人反而表示同情："那你们也不容易。"院长也去找过警察，警察对他说："如果对方胡搅蛮缠，请不要犹豫，立即报警，我们会立即赶到现场。"院长闻言放下心来。之后，待X再次来医院时，院长直言道："你之前的侮辱性发言伤害了全体医护人员，医院的业务也受到了影响，请你注意自己的言行。"另外，院长还补充了一句"这次的事情，我们已经找警察商量过了"。X闻言露出了惊讶的神色，突然就变得老实了。从那以后，X再也没有出现在A医院。

纠纷的教训

光靠"性善论"去应对是行不通的

面对患者X时，A院长的心理负担主要来自"应诊义务"。不少医务人员坚信"性善论",扩大理解应诊义务的范围,认为应该尽量满足患者的任何要求,尽可能地向患者说明情况。但是,在我看来,对于肆意妄为、蛮不讲理的人,就不能将其视为"普通患者"。更进一步地说,拒诊此类患者、介绍其他医院的做法,对彼此而言都是好事。

对于抱有恶意的患者,完全不需要同情对方"身患疾病"。前面已经多次强调,对于不合理的诉求(就这个案例而言,就是要无休止地回答 X 感兴趣的问题),必须果断拒绝,否则对方就会得寸进尺,要求也会变本加厉。要解决医患纠纷,光靠"性善论"必然是行不通的,有时还会产生反效果,这一点尤其要注意。

通过 SBAR 解决纠纷的流程

S 情况（Situation）

患者接二连三地向医生和护士提问，刻意找碴儿甚至出言侮辱，院长终于忍无可忍，反驳对方说"这里不是给你讲课的地方"，结果患者竟然向保健所、大阪府、厚生劳动省分别发传真，声称"被医院拒诊"。

B 背景（Background）

患者退休后利用空闲时间获取"现学现卖的知识"，并据此反复向医生或护士提问进行试探。一旦得到的答案与自己突击获取的知识不同，就不停地追问医生或其他医护人员，最终得出"你们都错了"的结论，沉浸在自我满足之中。

A 分析假设（Assessment）

出言侮辱医务人员的做法不可原谅，不能用性善论来对应。根据院长的描述，我确信患者属于"自尊心很强，但胆小怕事"的类型。这类人往往畏惧权威。

ⓡ 解决方案（Recommendation）

与患者之间的信任关系已经破坏，需要采用危机管理模式应对。若患者下次再来医院，明确告知对方，之前的侮辱性发言伤害了全体医护人员，影响医院的正常业务，并补充强调自己已经找警察商量过了。

从实例中学习纠纷解决术 2

"洗脑"医务人员的问题患者，其恶毒手法是？

自称接受医患纠纷咨询，从其他领域转入这个行业的人为数不少。譬如餐饮行业和流通行业等，因为是直接和顾客打交道，接到的投诉想必也不计其数。他们通过这些行业积累了丰富的投诉处理经验，继而转入医疗行业。

另一方面，尽管加入了医疗行业，但无法适应行业惯例的情况也很常见。在我看来，与其他行业相比，医疗纠纷所涉及的领域错综复杂，包括诊疗行为、保险制度、应诊义务、与患者家属的关系、医局制度、不同类型的医疗现场等在内，都有其独特性，在其他行业所积累的经验恐怕很难派上大用场。

接下来要介绍的这位求助者，之前曾在企业负责应对处理顾客相关问题，业绩十分出色，后来跳槽到医院担任事务长。但是刚就任不久就遇到了非常棘手的患者。面对纠纷，自己过去的经验完全派不上用场，甚至一度被逼到抑郁症的边缘。

第4章 | 另辟蹊径！投诉狂魔的应对之道

> 纠纷概要

带女人进病房，擅自离院外宿更是家常便饭

"数个月前，我开始担任医院的事务长，现在遇上了一件让人焦头烂额的事情。我们收治了一位从公立医院转过来做康复的患者，这名患者是个烫手山芋，特别棘手，现在已经在医院里为所欲为了。我虽然在其他行业也有过处理顾客投诉的经验，但从没见过这么厉害的类型……"

打电话来的是A医院的B事务长。B事务长曾在企业展现出很强的经营管理能力，在A院长的热情邀请下担任了医院的事务长。确实，医院里虽然有医疗专家，但经验管理方面的专家却很少。

医疗机构的经营环境一年比一年严峻，越来越多的医院开始尝试从其他行业招聘人才来强化管理经营，争取从竞争中脱颖而出。然而，在其他行业的经验是否可行，很大程度上取决于个人的适应性和业务内容。尤其是医患纠纷，与一般企业接到的投诉相比，处理难度是截然不同的。即使是善于应对消费者的专业人士，也难以在医疗行业站稳脚跟，无法轻易解决盘踞在医院里的问题患者。

话说回来，困扰B事务长的问题患者究竟是一位怎样的

人物，引发了何种纠纷呢？我感到很好奇，决定先详细了解情况。

患者名叫 X，男，今年 51 岁。已婚，有两个女儿，属于第一类一级残疾（移动功能障碍），目前靠领取低保生活。大约半年前，从附近的公立医院转院到 A 医院进行康复治疗。住院后不到一周，他就开始向医院提出各种要求，肆意妄为。

例如，X 总是坐着轮椅在医院内活动，经常到医院后门附近抽烟。自己一个人无法移动时，就叫员工或保安帮忙推着他四处走动，对他们颐指气使。住院一个月左右，有位女性前来探望 X，据员工和患者反映，他们亲眼看见 X 和来访的女性躺在用帘子隔开的床上，两人赤裸上半身抱在一起。当时，B 事务长对 X 进行了严厉的警告，让他保证不会再犯同样的错误，并签下了保证书。

然而，X 的态度却没有任何改变。紧接着从第二个月开始，X 就擅自在外留宿。B 事务长劝说了一番，没过多久，A 医院就接到了保健所打来的电话。保健所提醒道："患者 X 举报说你们医院不允许在外留宿，也不明确告知禁止外宿的理由。虽然不清楚具体情况，还是请你们和 X 好好谈谈。"

其实那个时候，还发生了一件让 B 事务长希望落空的事。X 的家在附近 Y 市公营住宅的 3 楼，因为 X 上下楼梯很困难，医院便与 Y 市相关部门沟通，希望能让 X 搬到同栋住宅的 1 楼。事情如果谈妥的话，就可以让 X 从 A 医院出院了。但是，Y 市的生活保障负责人给医院打来电话商量说："1 楼已经住满了其他住户，目前很难腾出房间，能不能延长 X 的住院时间？"

A 院长和 B 事务长都对 X 的恶劣品行感到头疼，反复追问"能不能想办法让 X 搬到 1 楼"，但得到的答复都是"没办法，目前没有空房"。恐怕 A 院长和 B 事务长都以为只要再忍耐一阵子就可以摆脱 X 了，听到这个消息一定很失望吧。

之后，X 依然我行我素，擅自在外过夜，无奈之下，A 院长和 B 事务长便对 X 说："如果不能遵守医院的规定，请你离开医院。"但 X 却充耳不闻。

更失算的是，X 还拉拢了部分医护人员。即使 X 如此肆意妄为，竟然还有一部分社工为他说话："虽然他有些不守规矩，但强制出院的话，那也实在太可怜了。"

受到内部员工的指责，B 事务长顿时感到束手无策，万般无奈之下给我打了电话。电话里的声音听起来相当疲惫，想必 B 事务长精神上已经不堪重负了。

尾内解决术

充分共享信息，全员统一认识

B事务长虽然想要解决问题，但被自己人拖了后腿，心里可谓是五味杂陈。因此，我的第一个建议是，医院的员工必须团结一致。从现状来看，B事务长可能无法与袒护X的社工们顺利沟通。他内心或许已经认定这些人是站在患者X那边的，故而刻意保持距离。这正是X破坏内部团结的阴险计策，医院现在恐怕已经深陷其中了。

因此，第一件事就是召集所有的社工，将X到目前为止的所有自私言行都毫无保留地讲出来。郑重地告知大家，与X直接接触的护士和员工都背负着很大的压力，对于今后要采取的对策，希望得到他们理解与协助。

第二，要重新认识到患者X的恶劣品行非比寻常。截至目前，X已经辗转了好几家医院，同样的问题应该已经出现过多次。在这个过程中，他也学会了各种各样的卑劣手段，医院方面想必只能忍气吞声。这或许是导致X的品行恶劣至此的原因吧。先联系介绍X过来的公立医院，直接询问X住院期间的所作所为，一定会得到一些线索。这些信息也要仔细传达给那些想要袒护X的护工。

第三，对于利用员工的好意，故意做出恶劣行径的人，必须采取相应的措施。X住院后，有人见过他在床上与前来探病的女性抱在一起的场景。当然，这件事情并没有告诉X的家人。X在自己的家人面前总是表现出一副道貌岸然的样子。这件事情可以作为与X交涉的筹码。

当然，事情不需要做得太露骨，可以尝试告知对方："您屡次违反医院的规定，非常遗憾，我们想请您的家人来一趟医院，详细说明迄今为止发生的所有事情，包括保证书上所写的事情在内，然后再商量一下今后该怎么办。"委婉地暗示对方"如果不出院，就把那件事告诉你的家人"。当然，如果情况允许，我也不想使用威胁他人的手段。不过，对于X这种狡猾又恶劣的问题患者，就算用这种应对方式也情有可原吧。

第四，关于让X从公营住宅的3楼搬到1楼的事，再次给Y市相关部门打电话，尝试沟通一下还有没有其他办法。

我提出了以上4点建议，鼓励精神上被逼到绝境的B事务长说："没关系，事情一定能解决的。"

也许是我的建议和鼓励起到了作用，B事务长随后便振作起来，并迅速采取行动。首先，找时间和护工以及其他员工面谈，不断争取大家的理解和支持。B事务长注意到自己之前一直没有向现场的员工详细说明情况，对自己想要强行执行决策的做法进行了深刻反省。之后，医院将 X 的"出院"期限确定为两个月，在双方反复进行交涉的过程中，联系公立医院了解 X 此前所引发的纠纷，同时与 Y 市相关部门持续沟通公营住宅的事，并按照我的建议劝说 X 出院。

结果，电话咨询结束后的一个月左右，X 就出院了。Y 市相关部门的负责人架不住 B 事务长的软磨硬泡，终于答应在 X 出院前帮忙安排好新的住处。

B 事务长打电话来告诉我这些情况，并表示感谢："说实话，我差一点就要得抑郁症了，真的非常感谢。"

纠纷的教训

应对问题患者也需要开会

这个案例的关键在于，患者 X 拉拢了对医院运营抱有不满的部分员工。医务人员过于善良，毫不怀疑对方有可能是骗子。说得直白一点，他们就是容易上当受骗。

后来我才知道，B 事务长过去在企业负责应对顾客时，一直坚信"顾客投诉就是宝藏"，而医疗行业研修时，也始终奉行"面对任何一个患者都要以诚相待"的理念，站在患者至上主义的立场上，这或许也是导致问题恶化的原因之一。如果对心怀恶意的患者和普通患者一视同仁，不能区别对待，一旦运气不好遇到问题患者，就会变得毫无防备。

对于问题患者，决不可同情心泛滥。只要稍微表现出宽容的态度，对方就会死缠烂打，肆意妄为，医疗机构也会遭受无法估量的打击。

像这个案例一样，对于蓄意破坏医院内部团结的问题患者，必须格外留心。医院是不同领域的专业人士工作的场所，大家的工作十分繁忙，经常出现各个部门之间信息不同步的情况。从 X 的行为来看，他似乎完全了解医院多个部门之间难以形成共识的特性。

实施决策之前，要将所有相关人员召集在一起开会，针对问题患者的应对措施，与所有相关人员面对面共享信息，朝着同一个目标向前推进。对于医院而言，这样的机制必不可少。组织内部沟通不到位，会给问题患者以可乘之机，这一点务必要警惕。

通过 SBAR 解决纠纷的流程

S 情况（Situation）

一名 51 岁的男患者在医院肆意妄为，例如把女性带进病房、吸烟、擅自离院外宿等。医院提醒患者不要擅自外宿，对方却向保健所举报"医院不允许患者外宿"，处理起来十分棘手。

B 背景（Background）

事务长原本打算强制这名患者出院，包括社工在内的部分员工却反驳道："把他赶出去太可怜了。"事务长受到了自己人的阻挠。

A 分析假设（Assessment）

患者辗转于多家医院，屡屡引发纠纷，并在此过程中学会了各种各样的卑劣手段，医院方面也只能一直忍气吞声。

R 解决方案（Recommendation）

在院内找时间与员工共享信息，统一对患者的认识。

在此基础上，告知患者打算请对方的家属来医院，表示要"详细说明迄今为止发生的所有事情，并商量下一步的对策"。关于患者出院后的住处，继续与Y市相关部门沟通协调。

从实例中学习纠纷解决术 3

千万注意！借他人的纠纷威胁医院的投诉者

截至目前，我已经历过数千件医患纠纷，有几种模式颇为典型，可以总结为"一旦具备某种条件或情况，就容易发生纠纷"。接下来介绍的案例便是其中之一。

在我受理的咨询案例中，患者的熟人、远亲、同居对象等以"患者代理人"的名义介入医患双方纠纷的情况时有发生。这种模式尤其需要注意。如果不知道应对方法，就很容易出问题。

在咨询过程中，让我倍感遗憾的是，对于这些不相关的第三方，很多医疗机构并未将其拒之门外，而是接受了对方的介入。

仔细想想，一旦允许第三方介入，出现问题也在所难免。原因在于，以"患者代理人"身份自居的人很可能是想代替患者向医疗机构提出赔偿要求。介入其中的第三方如果只是单纯的爱管闲事倒也罢了，但如果对方别有用心，将患者遭遇的纠纷当成向医疗机构勒索钱财的"筹码"，那么医疗机构必须果断予以回击，否则就会被对方钻空子。

> 纠纷概要

护士经验不足，因穿刺引发纠纷

"对方单方面扬言称'下次来的时候你们必须把话说清楚'。这名患者今天下午就要来医院。前天他已经来过一次了，当时他在医院里大吼大叫，搅得其他患者和医护人员惊恐不安。该怎么办呢？"

早上9点刚过，在关西地区经营一家透析诊所的A院长便匆匆打来电话，看来情况十分紧迫。

与其他专科医院相比，提供透析治疗的医疗机构遇到难缠患者的概率要高得多。截至目前，我已受理了多起因透析治疗引发的医患纠纷。因此，对于应对各种复杂社会背景的透析患者，我以为自己也算是习以为常了。想来这次应该也是大同小异，便决定先向A院长了解情况。

然而，院长接下来的话却让我大吃一惊，出言威胁院长的竟然不是患者本人。

患者B女士今年60多岁，不久前开始接受血液透析治疗。事情发生在前天。为患者进行透析治疗之前，先要通过超声检查，确认血液分流有无异常。因为如果血流量不足，可能会导致血管通路堵塞。

然而，当时负责做穿刺的护士入职时间不长，经验较少，穿刺的过程并不顺利，反复重做了好几次。对于患者来说，做穿刺是相当痛苦的。B 女士疼痛难忍，叫来了 A 院长，语气强硬地进行了指责。

这时，经常和 B 女士一起来医院就诊的男患者 C 突然插了进来。两人非亲非故，但不知为何，他却突然以 B 女士代理人的身份开始大肆指责。"不好好处理的话，我就到处宣传你们干的好事""这种情况你们必须赔偿"，C 说了许多带有威胁意味的话。B 女士却只在一旁，始终默不作声。

事情其实很简单，原本也不难解决。在透析医疗机构做穿刺，因患者疼痛难忍而引发纠纷时，患者一方未必完全占理。不过，这种想法可能也有些欠妥。

之所以这么说，是因为我们必须考虑两种可能性。一种是如患者所言，负责操作的护士经验不足，穿刺技术确实有问题。另一种情况是患者的血管状况不好，导致穿刺困难。实际上，仅仅是护士经验不足，并不足以引发纠纷，只有当上述两种情况同时出现，才特别容易引发纠纷。遇到透析穿刺相关的医患纠纷时，我首先会确认这些因素。

于是我向 A 院长确认了以上两点。果不其然，B 女士的血管状况较差，确实影响了穿刺效果。当然，如果是训练有素的资深护士来负责，或许可以避免纠纷的发生，但现在说这些也无济于事。

尾内解决术

与患者单独交涉

我一边回想过去受理的与透析治疗相关的纠纷案例，一边向 A 院长提出以下三点建议。

第一，创造一个能和 B 女士好好交谈的环境。当天下午，若 C 也一起来医院，恐怕又会凑上前来搅乱话题。可明确告知对方，诊所没有与其交涉的义务，果断拒绝对方出面。即使医疗机构存在明显过错，C 又不是代理律师，无权作为第三方向医疗机构提出损害赔偿。

第二，C 的威胁性言论不过是虚张声势。根据我的经验，只要向患者本人客观地说明情况，问题基本上都能妥善解决。

第三，向 B 女士诚恳致歉。在此过程中，注意不要为自己辩解，以免造成误会，要如实说明以上"两种可能性"，告知 B 女士血管状况不佳的事实，争取对方的谅解。此外，告诉对方诊所将开展相关培训，进一步提高医护人员的穿刺技术。并且，为了让技术稍差的护士也能顺利进行穿刺，诊所还考虑导入血管穿刺超声引导等技术。我的一贯主张是，"道歉的同时，必须加上改善对策"。

A院长听了我的建议，在B女士和C来医院之前，打起精神做好了心理准备。一鼓作气，直面二人。

两人走后，A院长立即给我打了电话，告诉我具体情况。首先，明确告诉B女士，C没有资格介入。B女士也接受了这一点，让C"先在外面等着"，C尽管不情愿，但还是答应了。

之后，B女士接受了A院长诚恳的道歉。此后，C虽然还是经常和B女士一起来医院治疗，但再也没有发生过类似的问题。

纠纷的教训

将第三方彻底排除在外

了解了纠纷的原委，想必大家都已经明白了，在第三方越俎代庖的情况下，交涉时只要将第三方排除在外，问题就解决了一大半。这里我再次强调，处理此类纠纷，医疗机构的基本原则是"拒绝与第三方交涉"。不过，在患者本人未成年、年事较高或行动不便的情况下，有时也不得不接受第三方的介入。除了上述情况，必须坚持与患者本人交涉的大原则。一旦第三方介入，医患双方的交涉可能会产生偏差，患者本人的意向也可能会被扭曲。

应对这类纠纷案例的关键在于，能否明确告知"我们拒绝与第三方交涉"，因此我们必须鼓起勇气，果断应对。

与这些自称的"患者代理人"打交道时，一定要提高警惕，他们刚开始看起来似乎是为患者着想，但其实大多别有用心。这种人的目标就是"钱"。不过，在大多数情况下，他们不会主动提钱的事。因为他们知道直接开口要钱可能会构成恐吓罪，一般会反复强调"你们必须拿出诚意"。但如果医疗机构拿出的诚意是反复向患者说明情况，他们就会逐渐暴露本性。无论院方怎样拼命解释，也不过是浪费时间，无法从根本上解决问题。

第三方作为患者本人的代理，若以获取报酬为目的向医疗机构索要钱财，本来就违反了律师法。即使医疗机构存在明显的医疗过失，这些人也无权要求损害赔偿，能够行使权利的仅限于患者本人或代理律师，这一点医疗机构必须了解。如果有第三方介入，一旦对方出言指责并暗示索要赔偿，医疗机构应该坚决果断地予以回应，质问对方"有无代理律师资格"。

245

通过 SBAR 解决纠纷的流程

S 情况（Situation）

负责透析穿刺的护士经验不足，穿刺过程不顺利，反复进行了数次。患者叫来了院长，语气强硬地表示不满。这时，一名经常和患者一起来医院就诊的男性插了进来，出言威胁院长。

B 背景（Background）

护士经验不足，穿刺技术有问题，但患者的血管状况也影响了穿刺效果，导致穿刺困难。两种情况重合，就容易发生纠纷。

A 分析假设（Assessment）

给患者带来痛苦是事实，需要向患者道歉，告知患者其自身也有一定的原因，争取患者的谅解，以此平复对方的怒火。最重要的是，防止第三方介入。

R 解决方案（Recommendation）

向患者诚恳致歉。同时让患者了解自身血管状况影响穿刺效果的事实。另外，告诉患者诊所将开展培训，提高护士的穿刺技术。明确告知对方，同行的男性没有介入的资格。

从实例中学习纠纷解决术 4

以诚相待行不通！为难员工并以此为乐的难缠投诉者

很多医疗机构的医务人员都认为，患者身患疾病，处于痛苦当中，因此即使对方有一些不合理的行为，也有可能是生病的缘故，只能多多忍耐，予以包涵。可以说，这些医务人员都是以"性善论"在看待问题，这种观点在过去或许是可行的。

即使是现在，对于大多数善良的患者，医务人员也应该基于"性善论"来对待。然而，我认为将这种观点应用于所有的患者是错误的。对于那些反复找碴儿、刻意扰医的患者，坚持"性善论"的做法无异于火上浇油。如果身为组织领头羊的医院院长不能意识到这一点，那么全体医务人员都将跟着一起遭殃。接下来要介绍的，便属于这一类纠纷案例。

纠纷概要

因满足不了私人需求而在医疗机构发泄不满的患者

"关于我们医院一名患者的事情,我想向您咨询。这位患者名叫 X,今年 70 多岁,情绪非常不稳定,经常因为一点小事就乱发脾气。而且,我们完全不清楚他到底哪里不满,只要这位患者一来医院,所有的员工都会感到害怕。对于这样的患者,我们应该如何应对呢?"

打电话来的是位于大阪北部的 A 内科诊所的院长夫人。据说患者 X 从 A 院长的父亲经营诊所时开始,就一直在这里就诊。大约 5 年前,诊所由 A 院长接手经营。考虑到 X 是长年来一直在诊所就诊,我原以为他和医务人员之间应该很熟悉。但在这个案例中,情况似乎并非如此。

不过话说回来,对于这位动不动就对医务人员挑三拣四的患者,我感到很好奇。于是我决定向院长夫人详细了解情况。

患者 X 一个人独居,住在 A 内科诊所附近,因感冒或身体不适偶尔会来诊所就诊。大约在 5 年前,X 被诊断出患有心脏病,并在附近的大学附属医院接受了心脏搭桥手术。然而,术后的康复情况不太理想,可能是这个原因,导致 X 出现了精神方面的问题，多次前往心理科就诊。

大约从 3 年前开始，X 的就诊态度发生变化。经常对医务人员纠缠不休，百般挑剔，不停地抱怨。即使医务人员努力解释，但大多数情况下，X 根本听不进去。最后，X 还责备医务人员说："你们不是有义务解释清楚，直到我满意为止吗?"从他的行为来看，似乎在刻意为难医务人员，并享受这一过程。

几天前 X 来诊所就诊时，曾说过这样的话。

"我请了专业公司到家里治白蚁，但他们却害得我身体状况出了问题，于是我就起诉了那家公司。这给我带来了很大的心理负担，健康状况也进一步恶化。尽管如此，关于这件事情，A 内科诊所却根本不听我说的话。我让他们找 A 内科诊所证明，我的身体之所以垮掉，就是因为驱除白蚁。"

"3 年前在 A 内科就诊时，明明我的肋骨折断了，但医生却告诉我没有骨折。后来，我的骨头自然愈合了，所以没有留下任何痕迹，但医生当时显然就是误诊。A 内科诊所声称'电子病历上并没有骨折的检查记录'，但我猜他们一定是为了诊所的名声，篡改了电子病历。我怀疑他们肯定也篡改过其他患者的病历。"

只要一找到机会，X 就缠着医务人员，不断地抱怨自己的不满，毫无根据地肆意谩骂。有些医务人员被迫要忍受 1 个多小时的骚扰，甚至还有人向周围的同事透露出想要辞职的意愿。

简直令人匪夷所思。患者无端指责医务人员，无理取闹，而且还试图将 A 内科门诊卷入自己惹的麻烦中。

这还只是九牛一毛。最近，X 变本加厉，事事都在故意找碴儿。而且，每次来医院，都特意等到接诊时间快结束时才来，一直待到他自己感觉心满意足为止。如果试着催促他离开，对方就会强烈反抗，医务人员谁都不敢上前搭话，只能默默等待他主动离开。

尾内解决术

问题的根源是院长的"以客户为导向"的态度

这种类型的问题患者，通常在其他医疗机构也会引发纠纷。他们辗转于多家医院，最终在他们觉得舒服的地方安顿下来，也就是"医务人员友善，能够接纳一切的犹如绿洲般的地方"。大概是因为被家人疏远，他们才会在医疗机构反复做出让人厌烦的行为，但深究原因也没有意义。现在更重要的问题是如何应对这类患者。

解决问题的关键在于 A 院长的想法。询问过院长夫人后，得到的回答却出乎我的意料。她说："我丈夫曾说，放弃这个患者很容易，但如果我放弃了他，他将无处可去。我丈夫有着医者所谓的坚持和信仰，我们也不知道该怎么办……"听了这番话，整体情况在我眼中瞬间变得清晰起来。引发问题的是患者 X，但问题的根源却是 A 院长的态度。秉持"医者仁心"是好事，但医疗机构不仅仅由院长一个人构成。每次直面患者，沦为患者发泄对象的都是医务人员。作为组织的领导者，对于持续遭受患者投诉或指责的医护人员，必须优先考虑他们的身心健康。我坚信，一个不能保护员工的医疗机构，必然也无法保护患者。说得直白一点，如果没有这样的思想觉悟，院长的"医者仁心"不过是一种自我陶醉。

另外，我一直在强调，光靠善良是无法守护医疗事业的。对于纠缠医务人员 1 个多小时、不断刁难找碴儿的患者，已经不能将其视为普通患者了。对于这类问题患者，应该以"反击"作为基本方针来应对。换句话说，必须基于"性恶论"来考虑对策。要应对这次的纠纷，最关键的一点在于能否改变 A 院长的基本态度。一旦转变态度，其他问题也会迎刃而解。

直接与 X 进行对话，明确告知对方："你一直以来的行为给全体医务人员带来了极大的困扰。我们无法继续为你提供诊疗。如果有需要，我们可以介绍你去其他医院。"如果对方说："我要举报你们拒诊。"只需要回应"虽然很遗憾，但我们无权阻止，请自便"即可。我建议院长夫人尽量劝说 A 院长，考虑采取拒诊的措施。

第二天，院长夫人联系了我，说 A 院长还在犹豫不决。我虽然很着急，但也无可奈何。作为次优的解决方案，我建议在律师陪同下与患者 X 见面。创造一个既尊重院长的意愿，又能劝患者遵守院内规定的交涉环境。但要注意的是，这是给患者 X 的最后机会。如果 X 一意孤行，屡教不改，就只能拒诊。我之所以考虑有必要请律师介入，是因为担心 A 院长的决心会动摇。是否要委托律师，决定权就交给 A 院长夫妇。

A 院长按照我的建议，在律师的陪同下，与患者 X 进行了交涉。在此过程中，院长说："我希望你能信任我。但是，从现在开始，我不能，也不打算再像以前那样，花费大量时间精力只为你一个人服务。如果你继续像以前一样骚扰医务人员，我就不再给你看病了。"

这份 A 院长充满"善意（也许有些过于宽容）"的最后通牒，似乎起到了作用。据说之后，患者 X 的问题行为有所收敛。尽管还在观察中，但由于院长表现出坚定的态度，医务人员也暂时松了一口气。

> 纠纷的教训

对恶意找茬的患者必须区别对待

企业普遍采用"顾客至上主义"的思维方式，现在也逐渐渗透到医疗领域。若站在这个立场上，那么医疗机构无论面对什么样的患者，都要诚心诚意地提供服务，没有拒绝的余地。

在接待患者的相关培训中，医务人员接受的教导通常是"投诉是宝"，但是对于投诉狂魔和怪物患者，这种理念并不适用。投诉也需要明确区分其性质，可以分为"合理且有价值的"和"恶意的"两类，并酌情予以妥善处理。医疗机构应根据不同的对象，基于"性善论"或"性恶论"，采取"常规应对方式"或"危机管理应对模式"。

更进一步说，要把反复出现恶意言行的投诉狂魔明确视为医疗机构的"敌人"，如果对医疗机构的运营造成负面影响，应坚决拒绝为其提供诊疗。这个方针是院长提高纠纷应对能力，成为强大组织的重要前提。

通过 SBAR 解决纠纷的流程

Ⓢ 情况（Situation）

问题患者是一位 70 多岁的男性。患者情绪非常不稳定，经常因为一点小事就对医务人员乱发脾气。而且，诊所并不清楚患者感到不满的原因。患者每次来诊所，都让医务人员感到害怕。

Ⓑ 背景（Background）

患者 5 年前在大学附属医院接受了心脏搭桥手术，然而术后的恢复并不理想。大约从 3 年前开始，患者的就诊态度发生改变。即使医务人员努力解释患者提出的问题，对方也无法接受，并责备说："你们不是有义务解释到我明白为止吗？"

Ⓐ 分析假设（Assessment）

对于这样的患者，理论上应采取"危机管理模式"来应对，然而出人意料的是，院长对此犹豫不决。必须让院长明白，医疗机构如果不能保护员工，就不可能保护患者。

R 解决方案（Recommendation）

首先，通过院长夫人进行劝说，让院长改变想法。其次，在律师的陪同下与患者进行面谈，告知对方："你一直以来的行为给全体医务人员带来了极大的困扰。我们无法继续为你提供诊疗。如果有需要，我们可以介绍你去其他医院。"

从实例中学习纠纷解决术 5

对于出言指责院长的患者，医院能否拒诊

前文已经介绍了一些疑似精神疾病患者的纠纷案例。但是，这次要介绍的案例，发生在一个专门为心理疾病患者提供治疗的医疗机构。我认识的一位精神科诊所的院长曾向我咨询："有时候我们也束手无策，想请教一下该如何应对。"在这个纠纷咨询中出现的患者，竟然是让专业人士也感到棘手的劲敌吗？

纠纷概要

明明牢骚不断，却不愿转院的患者

"我们心理科诊所来了一个很棘手的患者，他说'自从来到你们诊所，我的症状就不断恶化，你们必须负起责任'，患者怀疑'是不是误诊了'，认定我的治疗很糟糕，咬着我不

放。那个患者每次来诊所时,我都感到很害怕,员工们也有些忐忑不安……说实话,我不想再给这个患者看病了。我可以拒绝诊疗吗?"

打电话来的是在大阪附近县开设 A 心理诊所的 A 院长。电话是上午打来的,院长的声音听起来很疲惫,说话也有点钻牛角尖的感觉。

不管怎样,我们必须先了解详细情况。我告诉 A 院长,关于患者从第一次到 A 诊所就诊到现在的经过,以及患者的个人信息,都要尽可能原原本本地讲清楚。

问题患者名叫 X,男,今年 35 岁。大约从半年前开始,在 A 诊所接受治疗。当时,X 已经从公司辞职了。来 A 诊所之前,他一直在东京一家 IT 设备销售公司的分店工作,担任销售职务。由于调动频繁,患者这几年的工作似乎也相当辛苦。

X 在 5 年前结了婚,但不到半年就离婚了。那个时候,工作更加紧张忙碌,几乎每天晚上都要加班到深夜。由于疲劳和压力的不断积累,他发现自己患上了抑郁症,并在位于东京的 C 心理内科诊所接受了 3—4 年的治疗。然而,随着抑郁症状的加重,请假次数也越来越多。渐渐地,工作也出现了问题,8 个月前,X 辞掉了工作,回到了位于大阪附近的老家。刚开始是在老家附近的 B 诊所就诊，但他似乎不喜欢 B 诊所的院长，于是转到了 A 诊所。

刚到 A 诊所接受治疗时，X 和 A 院长的关系相处得很好。除了提供心理咨询和药物治疗外，A 院长还教给了 X 一些在情绪低落时进行自我应对的方法。X 如实地进行了实践。X 表示自己的极度"完美主义"倾向有所缓和，自我感觉似乎也在逐渐改善。X 还会定期前往东京的 C 心理内科诊所接受治疗，每 3 个月去一次。

然而，大约两个月前，X 和 A 院长的关系开始恶化。X 开始在药物方面向 A 院长频繁地提出各种要求，例如，"我不喜欢这种药，换成那种药吧"或者"这种药的效果不佳，换成其他药吧"，等等。此外，之前一直相对稳定的抑郁症状也开始反弹，对 A 院长的话表现得过度敏感。之前稳定的症状为何会恶化，原因尚不明确。

A 院长诊断 X 为边缘性人格障碍。这种倾向越来越强烈，最近甚至会因为一点小事就激动起来。

他会突然大声叫喊，说"这和你以前说的不一样""你一定有事瞒着我"等莫名其妙的话，然后开始愤怒地用力敲打自己的背包并大声咆哮，每次来诊所都会重复这样的行为。由于 X 怀疑 A 院长的治疗存在过失，A 院长已经不愿意继续为 X

诊治，希望他能转到其他医疗机构就诊。

很明显，A院长和X之间的信任关系已经破裂。然而，X却坚持说："我的症状是在你们诊所恶化的，必须在这里给我治好！"A院长不明所以，但他表示"这种话已经给我造成了很大的心理负担"。虽然不想再给X看病了，但如果拒绝希望留在自己诊所的患者，是否会违反应诊义务呢？A院长考虑再三之后，决定给我打电话求助。这就是纠纷的大致情况。

尾内解决术

拒绝继续诊疗，终止骚扰行为

又是一位在"应诊义务"上碰壁，遇到了苦恼的个体开业医生。当然，医疗机构不能随便拒诊，但如果患者处于非紧急状态，附近还有其他医疗机构可供选择，并且患者对医疗机构造成的影响已经超过限度，可以通过向患者介绍其他医疗机构的方式，实质性地进行拒诊。这是我一直以来的观点。以此为前提，我向A院长提出了以下建议。

第一，A院长的判断是正确的，在目前的情况下，已经很难恢复双方的信任关系，只能介绍患者去其他医疗机构。应该在这个方向上考虑解决办法。第二，尽管 X 坚持说"我的症状是在你们诊所恶化的，必须在这里给我治好"，但对于他的无理要求，A 院长完全无须理会。或许 X 是察觉到了 A 院长计划将他转诊到其他医院，为了阻止院长才说出这样的话。尽管 X 对 A 院长牢骚满腹，但与此同时，他可能也对被 A 院长放弃感到极度不安。因此，即使会受到冷遇，X 可能还会来诊所就诊。但是，A 院长没有必要因为同情患者而再三忍耐。

原因在于第三点，X 的行为已经超出了医疗机构的容忍限度。不仅对 A 院长恶言相向，还做出大吼大叫、敲打背包等行为，使周围的员工和患者感到恐惧，对其他患者的诊疗也产生了明显的负面影响。

基于这三点，A 院长应该明确告知 X："我、医务人员以及其他患者都因为你的行为而备受折磨。我们之间的信任关系已经破裂，无法继续提供治疗。我会给你介绍其他医院。"此外，还可以补充道："今后如果你再来本院做出骚扰行为，我们考虑找警察商量。"听了我的建议，A 院长表示"知道可以介绍他去其他医院，我就放心了。我马上和 X 沟通"，之后就挂断了电话。

几天后，A 院长按照我的建议与 X 进行了交谈。X 似乎对 A 院长从未有过的强硬态度感到惊讶，"警察"一词似乎也起到了作用。A 院长告诉他"可以介绍其他医院"时，X 也没有吵嚷，顺从地答应了。

纠纷的教训

不能一味容忍患者的扰医行为

这类纠纷就算解决了，也没有太多值得回味的地方。接到纠纷咨询时，我所追求的"解决"目标，是为求助者去除所遇到的麻烦。真正意义上的解决，应该是 X 本人能够改过自新，停止骚扰行为，但坦白地说，要走到这一步，对于我和 A 院长而言，负担太过沉重。虽然这么说有些不负责任，但我还是希望 X 能在 A 院长介绍的医疗机构顺利进行治疗。

对于患有边缘性人格障碍的患者，即使是专门治疗心理问题的医疗机构，也可能面临很多困难。更不用说在其他专科医疗机构了，引发大混乱的情况也并不少见。目前，医疗机构能够采取的有效应对措施十分有限，但首先要了解发生这些问题的现实背景，明白什么是边缘性人格障碍，学习基本的应对方法。如果发现自己无法应对，就要劝说患者去专门的医疗机构就诊。

最应该避免的是，抱着"骚扰行为是疾病导致的，所以没办法"的想法，拖拖拉拉地继续提供诊疗。因为如此一来，其负面影响可能波及整个医疗机构。医护人员也会疲惫不堪，医疗服务质量也可能随之下降。必须坚决避免这种情况的发生。

通过 SBAR 解决纠纷的流程

S 情况（Situation）

患者是一名 35 岁的男性，患有边缘性人格障碍。从两个月前开始，就吃药的事情向院长提了很多要求，之后，因为一点小事就情绪激动，让院长和员工都感到害怕。

B 背景（Background）

在刚开始就诊的一段时间内，双方的关系十分融洽。在心理咨询、药物治疗的基础上，院长还教授患者在情绪低落时的自我应对方法，患者本人也说过"情况正在逐渐好转"。

A 分析假设（Assessment）

院长和患者之间的信任关系已经破裂。患者坚持说："症状是在这家诊所恶化的，必须在这里治好。"然而，患者的骚扰行为逐渐升级，除非他改变言行，否则很难继续提供诊疗。

R 解决方案（Recommendation）

告诉患者其言行给包括院长在内的所有医务人员带来了极大的困扰，信任关系已经破裂，无法继续提供诊疗。此外，补充说："今后如果再来本院进行骚扰，将考虑找警察商量。"

从实例中学习纠纷解决术 6

为满足自己的不合理诉求，患者屡屡出"绝招"

这起案例也是一起疑似精神病患者所引发的纠纷案例。正如前文提到的，最近，与这类患者有关的纠纷咨询急剧增加。需要注意的是，如果像对待普通患者的投诉一样，以倾听的态度回应，可能会深陷泥沼，导致问题越来越难以解决。

纠纷概要

患者以"割腕"威胁，强迫医生开药

"我每周会去一家皮肤科诊所代诊，最近遇到了一个令人十分头疼的女患者。两个月前，患者因割腕自残行为前来就诊，非常想要止痛药。刚开始为了缓解她手腕伤口的疼痛，我就给她开了止痛药，但之后她多次要求我给她开药，我就拒绝了，告诉她'不能再给你开止痛药了'。结果她就威胁我说

'如果不给我开药，我就再次自残。这样你也见死不救吗'……请问我到底该如何应对呢？"

打电话来的是在大阪市开设皮肤科诊所的 A 院长。A 院长除了在自己的诊所工作外，每周还会去另一家诊所接诊患者。从他前面描述的情况来看，这位患者很可能出现了药物成瘾的症状，但实际情况如何还需进一步了解。

患者 X 是一位 30 岁出头的女性，有一个上小学一年级的孩子。她自称是低保人员，而且是"精神残疾 3 级"，但 A 院长并没有核实她是否持有精神残疾健康福利手册。此外，根据 X 自己的说法，这并不是她第一次自残。X 要求院长开的是栓剂类止痛药。起初，A 院长开了适量的药给她，但后来他怀疑 X 可能只是为了得到药物才频繁就诊，不久后院长的怀疑得到了证实。

于是，几天前，X 再次来诊所就诊时，A 院长便告诉她"不能再给你开止痛药了"。X 表示抗议，询问"为什么不能继续开药了"，继而又恳求说"我会支付费用的，请再给我开一些药吧"。当然，A 院长不能接受对方的请求。双方经过一番争论后，A 院长明确告知 X "我不会再给你开药了，这就是结论"。然而，X 闻言突然翻脸，将手腕上正在治疗的伤口对着院长，用带着威胁意味的语气说"我会再次自残的"。

当时，A院长坚持"不再开药"。X只好打消了念头，离开了诊所。但她预约了三天后再次来就诊。A院长不确定自己的处理方式是否妥当，就给我打了电话。

💡 尾内解决术

切忌过度敏感，冷静地拒绝患者的要求

割腕自残通常被认为"自我认知的手段"，而不是"死亡的手段"。这种行为往往与边缘性人格障碍、精神分裂症、解离性同一性障碍等精神疾病有关。如果是患有精神疾病的患者，就必须接受治疗。我不是医生，无法判断X是否患有精神疾病，但基于过去的咨询经验，我认为应该以X很有可能患有精神疾病（例如边缘性人格障碍等）为前提来应对。在此基础上，我提出了以下建议。

第一，坚持不开药的态度至关重要。A院长的应对基本上是正确的。A院长越是表现出惊慌失措或为难的态度，那么对X来说，"割腕"的价值就越高，在某些情况下甚至还会激发X的自残行为。对"割腕"这个词不能太敏感，装作漠不关心的样子反而更有效果。如果X因未能拿到止痛药而表现出更多的过激行为，可以告知对方"本院无法继续提供诊疗，

可以为你介绍其他医院"。

第二，有必要进一步了解 X 的背景。为了解患者过去的病历和治疗经过，可以向当地的生活保障窗口（保健福利科等）咨询具体情况。从患者本人"精神障碍 3 级"等言论来看，她应该也曾在精神科医院就诊过。打听到患者之前的就医地点，可以劝患者继续去接受治疗。即使没有打听到，也可以劝说对方："我们可以给你介绍治疗精神疾病的医院，你愿意接受治疗吗？"

第三，关于 X 今后的应对方法，要与代诊诊所的院长达成一致。

我将以上 3 点建议告诉了 A 院长。A 院长与代诊诊所的院长协商一致后，迅速按照我的建议采取了行动。咨询结束 10 天后，A 院长再次给我打来电话，告知问题的处理结果。

首先，A 院长联系了区主管部门，X 好像在多家医疗机构都引起过类似的骚动。但遗憾的是，A 院长并未找到 X 常去的精神科医院。X 现在还会来诊所，依然会问院长"能不能给我开药"，但是 A 院长始终冷静而坚决地告知对方"我们这里不能开药"，X 的态度跟以前相比也有所缓和。尽管 A 院长建议她去看精神科，但患者本人似乎并不情愿，因此也没有给她介绍精神科医院。

269

纠纷的教训

难以从根本上解决是事实

今后这个案例会如何发展，我们无法预知，但就目前来看，似乎朝着 A 院长希望的方向发展。当然，除非 X 所患的精神疾病得到缓解，否则无法从根本上解决问题。

但是，如果患者本人拒绝前往精神科接受治疗，那么医疗机构也很难采取进一步的措施。像 X 这样的患者来医院就诊时，也只能尽力而为。A 院长表示"我会继续建议 X 去精神科就诊"。

通过 SBAR 解决纠纷的流程

S 情况（Situation）

患者为治疗割腕自残的伤口，从 2 个月前开始来诊所就诊。患者一直强烈要求开止痛药。当医生告知无法再给她开药时，对方威胁说"如果不给我开药，我就再次割腕"。

B 背景（Background）

患者要求开具的是栓剂类止痛药。最初医生给予了必要的剂量，但后来怀疑患者可能只是为了得到药物而频繁就诊。患者恳求说"我愿意支付费用，请给我开药"，被医生拒绝后，患者出言威胁。

A 分析假设（Assessment）

重点是坚持不开药的态度。A 院长越是表现出为难的样子，对 X 来说"割腕的价值"就越高，还可能会激化自残行为。

R 解决方案（Recommendation）

不再开止痛药。如果患者不接受，告知对方"无法继续治疗，可以转诊其他医院"。同时，劝说患者到精神科医院就诊。与代诊诊所的院长事先达成一致，并商讨应对方法。

从实例中学习纠纷解决术 7

在诊室里赖坐了整整 40 分钟的女患者

患者出于"没有按照自己的意愿去做"等自私的理由不断指责医生的情况也经常发生。这类患者总是自以为是,以自我为中心,完全听不进别人的话。一旦发现自己的要求得不到满足,就会做出各种干扰医疗机构正常运营的行为。接下来要介绍的就是这样一起案例。

纠纷概要

因患者的过分要求而畏缩的高人气院长

"前些日子,我遇到了一件特别倒霉的事。一位患者问我'能不能给我女儿开点利尿药',在没有见到患者本人的情况下,我不可能随便开药,于是就拒绝了她。结果那名患者却说'不给我开药我就不走了',在医院里坐了整整 40 分钟。如果她再来医院,又做出同样的事情,那实在是让人受不了。究竟该如何应对呢?"

打电话来咨询的是位于大阪市内的 A 内科医院的 A 院长。A 医院的开业时间虽然不长,但口碑很好,患者总是络绎不绝。一向乐观开朗、充满自信的 A 院长,似乎是第一次遇到这样的麻烦患者,电话里的声音听起来相当疲惫,精神上想必饱受折磨。我决定先详细了解情况。

引发纠纷的患者名叫 X,女,今年 70 岁,因患有高血压,有时会来 A 医院就诊。几天前,X 再次来到 A 医院,但她说"这次不是为我自己,而是为女儿的事情来的"。

X 的女儿今年 40 多岁,听说一直在精神科看病。最近,由于出现身体浮肿、排尿困难等症状,X 就陪女儿到一家医院的泌尿科就诊,但并没有发现异常。泌尿科医生建议说"还是去精神科好好看一下吧",于是两人就去了医生介绍的某大学附属医院精神科就诊。

据 X 所说,当时精神科医生建议:"在家附近的内科诊所开点利尿药吧。"于是,X 就到自己常去的 A 医院,想帮女儿开利尿药。

对于 X 的要求,A 院长当然无法应允,解释道:"药不能随便开,必须先为您的女儿看诊才能开。"但 X 却不接受,反驳说"为什么不能开，这也太离谱了""大学附属医院的医生都让我在诊所开药"，丝毫没有退让的迹象。

A院长反复解释道："不看诊就不能开药，这是国家的规定。我们不能违规开药。"但X却一意孤行，固执地表示"不给我开药我就不走了""想办法解决问题是医生该做的吧"。对此，A院长一筹莫展。

之后，双方你来我往僵持了40分钟，A院长无奈之下恳求道："外面还有很多患者在候诊，能不能请您先回去？"X面露不满，气冲冲地离开了诊室。

随后，X对前台的工作人员说了一句"A院长没有照我说的做，我拒绝付钱"，便离开了医院。

A医院很受欢迎，前来就诊的患者接连不断。X赖着不走的行为，给其他患者带来了很大的麻烦。A院长担心若X再来医院，又做出同样的事情就不得了了。于是决定找我咨询，毕竟我也是他刚开业时就认识的老熟人了。这便是纠纷的大致经过。

尾内解决术

马上打电话联系，先发制人

X提到"大学附属医院的医生说可以在诊所开到药"，但据我猜测，医生这么说的本意或许是让患者的女儿先在诊所接受诊察，如若诊断结果显示确有必要，诊所就会开利尿药。

在大学附属医院的医生看来，开处方药当然是以患者接受诊断为前提的。因此，医生并没有必要刻意强调这一点，但X有可能按字面意思照单全收了。虽然可能存在这方面的误会，但问题在于，尽管A院长多次郑重说明"无法开药"，但患者却始终坚持"必须给我开药"的强硬态度。

实际上，应对这样的患者并不难。对于这类固执己见，对别人的话充耳不闻，甚至故意找碴儿的患者，已经不能将其视为"普通患者"了。看到这里，各位读者想必已经明白，对于这类患者，医疗机构必须改变处理方法，将其视为"必须坚决反击的患者（危机管理模式）"来应对。说得更直白一点，在迫不得已的情况下，医疗机构可以拒诊。

这一次，A院长的应对策略是正确的，没有任何问题。硬要说的话，应该早点把X赶回去。

基于以上思考，我向A院长提出了以下建议。

第一，不要等X再来医院，而要先发制人，主动给X打电话，态度坚决地告知对方："无论在什么情况下，本院绝不可能未经诊断就开药，这是规定。下次您带女儿一起来的话，我们可以给她看诊，但不带患者本人来的话，我们无法开药。"

第二，等 X 再次来医院时，要求对方支付上次的诊疗费用。如果 X 执意拒绝支付，可告知对方"本院无法继续提供诊疗"，直接拒诊即可。

听了这些简单明了的建议，A 院长回答"我知道了，我马上就去办"，便挂断了电话。

第二天，A 院长就给 X 打了电话。接到 A 院长的电话，X 感到非常惊讶。紧接着，A 院长按照我的建议，语气坚决地告知对方"本院绝不可能未经诊断就开药"，X 闻言表示"我会想办法带女儿去的"。

之后，X 再次去医院就诊，再无异常表现，还支付了上次的诊疗费用。A 医院自此又恢复了平静。

纠纷的教训

摆脱"应诊义务的束缚"

和 A 院长一样，很多因医患纠纷而饱受折磨的医生，尽管内心深处或多或少都想对问题患者说"谢绝来院"，但又担心这么做会违反应诊义务，因而犹豫不决。本书的各个案例均有所提及，这种担忧其实是对应诊义务的错误理解。并且，在遇到纠纷时，因错误理解应诊义务而陷入思考停滞状态的医生也为数不少。

我的立场是，如果医疗机构没有重大过错，在患者的扰医行为给医疗机构的运营带来了负面影响的情况下，不妨以介绍患者转诊到其他医院为前提，拒绝提供诊疗。患者也要有最起码的礼仪和分寸，医务人员完全没有必要一味忍让。

通过 SBAR 解决纠纷的流程

S 情况（Situation）

患有高血压的 70 岁女患者来医院就诊，要求医生给自己的女儿开利尿剂。医生告知患者未经诊断无法随便开药，但患者并不接受，双方僵持了 40 分钟。好不容易劝她先回去了，但对方拒绝支付当天的诊疗费用。

B 背景（Background）

患者的女儿在大学附属医院就诊时，医生建议说"可以在附近的内科诊室开点利尿剂"。这句话似乎被患者曲解为"不带女儿去也能开到药"。

A 分析假设（Assessment）

对于固执己见，对别人的话充耳不闻，甚至故意找碴儿的患者，不能将其视为普通患者。要转换为危机管理模式应对。

R 解决方案（Recommendation）

建议院长先发制人，主动给患者打电话，冷静而坚决地告诉患者:"本院绝不可能未经诊断就开药。下次如果带女儿一起来,可以为其看诊,如果不带女儿来,就不能开药。"另外,郑重要求患者支付诊疗费用。

第4章 | 另辟蹊径！投诉狂魔的应对之道

从实例中学习纠纷解决术 8

对女理疗师实施性骚扰的患者

"我们医院的一位女理疗师（PT）被男患者 X 纠缠，不知道该怎么办。那名 PT 最近身体状况也出现了问题，到底该怎么办才好呢？"

打电话来的是大阪市内 A 整形外科医院的 A 院长。患者 X 是一位 69 岁的退休警察。他的妻子在几年前去世，目前独自一人生活。X 的女儿和女婿住在附近，经常会过来看他，他偶尔也会帮忙带孙子，因此并不是完全的独居状态。

纠纷概要

明知有问题却放任数月不管

大约一年前，X 在附近的医院接受了双膝人工关节置换手术，并在该医院接受康复治疗。从半年前开始，患者转到 A 医院接受进一步治疗。

281

刚来医院时，X就能够自行行走了。PT理疗师B小姐今年29岁，性格开朗，善于照顾人，深受患者的喜爱。X的第一次治疗就由B负责，对她非常满意。X还对B说过"希望今后一直由你来给我做治疗"之类的话，似乎对她格外感兴趣。从那以后，X就对B纠缠不休，一有机会就凑上去，不是约B吃饭，就是向她打听电话号码或地址等个人信息。

A院长诊断后，对X说："每周来3次医院就够了。"但是X坚持道："我的状况这么糟糕，应该每天都来医院接受理疗。"在治疗的过程中，他总是夸张地大声喊"好痛！好痛！"，或为了显示自己走路不稳，故意在医院内摔倒。X每天都重复着疑似性骚扰般的言谈举止，B精神压力也因此越来越大。最终，B忍无可忍地向A院长提出"希望换其他人负责X的治疗"，A院长这才意识到问题的严重性。

A院长告诉X"很难安排固定的理疗师，除了B小姐之外，还会有其他理疗师为您治疗"，但X坚持说："我有时间，不管多久我都可以等，直到B小姐空出来。"最终，A院长也没能让B摆脱X的纠缠。之后，X似乎想改善A院长对他的印象，自作主张地开始在医院周围除草或整理庭院。几个月过去了，A院长一直无法采取任何措施。

直到最近，B开始抱怨自己身体不适，A院长察觉到事态的严重性,意识到"不能再这样下去了",于是给我打电话咨询,这就是纠纷的大致经过。

尾内解决术

做最坏的打算,随时准备报警

说实话,听了 A 院长的话,我实在无法理解他们为什么能被 X 折腾到这种地步。作为管理者,没能在 B 身心健康垮掉之前采取有效措施,A 院长必须深刻反省。

据我猜测,X 曾经的警察身份可能是原因之一。A 院长可能因为害怕遭到对方打击报复,不敢以强硬的态度面对,迟迟无法采取有效措施,才让 X 得以肆意妄为。我向 A 院长指出了这一点,A 院长向我坦白道:"其实,在 3 个月前,我对 X 说过'请不要对医务人员说一些疑似性骚扰的话',结果 X 非常生气,恶狠狠地训斥了我,最后我不得不道歉。虽然没有遭受到暴力,但我当时真的很害怕。"这样一来,我就明白 A 医院为何会节节败退了。

我按照自己的想法,向 A 院长提出了以下建议。

解决方法非常简单。首先,A 院长必须拿出果决的态度,让 X 遵守规定。明确告诉 X:"B 最近身体状况出现问题,我们认为是你造成的。请你以后不要再骚扰 B。另外，在医院内请务必听从我的指示。"如果 X 不接受，就直截了当地告诉对方，"本院无法继续提供治疗""就此事我们正在考虑找警察商量"，对待 X，必须采取"危机管理模式"，而不是对待普通患者的常规应对方式。

如果担心 X 恼羞成怒，可以让男员工站在两侧，一旦 X 出现暴力胁迫的迹象，就立即报警。报警的时机并不是在遭受暴力之后，而是在感到恐惧之时。A 院长可以事先商量好，在用手示意时，其他员工就立即拨打电话报警。

听了我的建议，A 院长表示"我明白了，我会立即执行"。第二天，A 院长把前来就诊的 X 叫了出来，按照我的建议采取了行动。X 似乎察觉到 A 院长完全不同于 3 个月前的坚决态度，乖乖接受了 A 院长的要求，承诺今后会听从 A 院长的指示。之后，X 似乎意识到"身为一名退休警察，要是惹上警方就不妙了"，言谈举止安分了许多，目前仍在继续接受治疗。

纠纷的教训

切忌让医务人员沦为牺牲品

不能保护医务人员的医疗机构，就绝不可能保护好患者，希望院长和管理层能牢记这一点。尽管医务人员受到患者的恶意攻击，但医院管理层或上级由于过分担心违反应诊义务，强迫一线医务人员忍耐的情况其实十分常见。不能因为患者身患疾病或年事较高，就认为应该容忍对方的恶意攻击。在医院内，对于不听从院长指示的患者，就不能按照普通患者的方式来应对。必须转换为危机管理模式，将拒绝诊疗纳入备选项来应对。

通过 SBAR 解决纠纷的流程

S 情况（Situation）

患者 69 岁，是一名退休警察，来医院做康复治疗，对 29 岁的女理疗师很感兴趣，每天都来医院纠缠对方。女理疗师的身体因此被拖垮，向院长提出更换负责人的请求。院长试图更换理疗师，但患者十分固执，没有成功。

B 背景（Background）

女理疗师被患者疑似性骚扰的言行骚扰已持续了大约半年。一直放任不管的原因是，当院长对患者的言行进行规劝时，患者恼羞成怒的样子让他感到害怕。

A 分析假设（Assessment）

问题在于医院内部管理完全失控。如果一味纵容患者的骚扰行为，医务人员势必无法安心工作。应该采取"危机管理模式"，拿出坚决的态度应对患者。

R 解决方案（Recommendation）

明确告诉患者："我们认为你的不当言行导致理疗师

身体状况出现问题",并要求对方承诺"今后不再骚扰该治疗师""一定遵从院长的指示"。即使对方退休前是警察,如果发现施暴迹象,也应告知对方"我们会报警"。

从实例中学习纠纷解决术 9

因"擅自治疗"而勃然大怒的酒醉患者

深夜的医疗急救现场就像战场一样。突发事故或急病的患者被救护车接二连三地送进医院,现场充满了紧张气氛。对于每天晚上奋斗在急救现场的医生、护士和其他工作人员,我由衷地感到敬佩。

然而,一些不道德的患者也极大地打击了急救人员的工作积极性。其中最典型的是烂醉如泥的患者。以前,大阪府对急救患者实施的骚扰行为进行过调查,结果发现,深夜被抬进急救门诊的患者中,酒醉患者占了相当大的比例(《关于急救医疗现场的患者扰医行为调查》报告书,大阪府健康福利部,2008年11月)。虽然距离调查已经过去了相当长的一段时间,但在我看来,现在情况依然没有太大的变化。

接下来要介绍的,就是由这些酒醉患者引发的令人极为气愤的纠纷案例。

纠纷概要

酩酊大醉后，患者自己叫救护车来医院

"一周前的深夜，有一位男患者来我们医院的急诊，关于他的事情，我想向您咨询一下。"打来电话的是东海地区 A 市立医院的 B 医生。据悉，B 医生是 A 医院的医疗安全委员会负责人。具体情况如下。

患者烂醉如泥，到医院后开始大吵大闹，甚至殴打医护人员。后来总算设法让他平静下来，躺在病床上，为了防止他小便失禁，医生就给他插了尿管，给他打了点滴，让他休息。几个小时后他就回去了，但过了几天，他突然怒气冲冲地向医院投诉说："你们竟然在我不知情的情况下给我插尿管。没有征得患者的同意，你们怎么能擅自进行治疗？等着瞧吧，我要告你们，做好心理准备！"

不管有什么理由，动手打人就构成犯罪。此时患者就已经是理亏的一方了。更令人吃惊的是，他竟然找借口说医院"擅自进行治疗"，还叫嚣着"要告你们"，实在是令人匪夷所思。对于这个荒唐至极的患者，我决定进一步了解情况。

患者名叫 X，今年 65 岁，无业游民。以前和家人住在一起，现在一个人独居。实际上，这并不是他第一次在喝得烂醉

后叫救护车来A市立医院。B医生解释道："从五六年前开始，每年都会发生几次这样的事情。X总是喝得烂醉，瘫倒在路上，然后自己叫救护车来我们医院。每次都对医务人员恶语相向，实在是令人厌烦。虽然一直知道这个患者是个烫手山芋，但对医生和护士大打出手还是第一次。"恐怕对方已经出现了酒精依赖症的症状。

被殴打的是一名女医生和护士，幸运的是伤势并不严重。但她们害怕遭到患者的报复，所以都没有向警方报案。

做出如此恶劣的行径，竟然还要把A市立医院告上法庭，这究竟是怎么回事呢？据B医生介绍，X曾扬言说："我咨询过律师，他说打官司百分之百能赢。"听到要"打官司"，医院方面似乎很紧张。我便按照自己的想法，提出了以下建议。

尾内解决术
让患者意识到自己才是加害者

第一，要清楚地认识到，对这个患者完全没有必要同情。既然是救护车送来的，说明患者本人已经烂醉如泥，意识模糊，因此即便未经本人许可，医生酌情给患者插入尿管也没有任何问题。反而是急救现场经常发生的常规操作。

第二，应明确将该患者归入"恶意找碴儿的患者"一类，以拒绝诊疗为前提思考对策。女医生和护士遭到患者的暴力殴打，医院可以考虑帮助她们二人起诉。

第三，可以考虑反过来将投诉用在与 X 的交涉中。具体来说，就是把 X 叫出来，要求他就殴打女医生和护士一事道歉，并承诺不再以同样的方式骚扰医院。如果 X 拒不接受，不妨告诉对方："我们考虑对暴力行为进行起诉，已经咨询了警方。"为了让 X 意识到"你不是受害者，而是加害者"，采取这种方式也无可厚非。X 可能抱有"既然自己身为市民，那么在市立医院做什么都可以"的错误想法。如果不改变这种认知，今后恐怕还会卷土重来。

A 市立医院根据我的以上 3 点建议，立即与相关人员进行协商，制定了针对这名问题患者的应对措施。虽然尚未与患者本人交涉，但 B 医生的声音听上去充满自信，我想应该能够顺利解决。

纠纷的教训

对问题患者放任不管，医院也要反思

患者 X 的所作所为确实很过分。但还有一个问题不容忽视。那就是从五六年前开始，市立医院就一直放任这位酒醉患者肆意妄为。这类患者的扰医行为也有愈演愈烈的趋势。诉诸暴力不过是时间问题。对于这一点，医院方面必须深刻反省。必须尽快把 X 叫出来，态度坚决地要求他停止骚扰行为，若对方拒绝，就要联合警方采取相应的对策。

在这个案例中，不可否认的是，作为公立医院，A 医院的态度不够坚决，应对措施不够有力。在公立医院，投诉者动不动就会用"你们是靠税金吃饭的吧？按照纳税人说的做就行了""我认识本市议员，你们小心点"等说法威胁恐吓医院。但医院不能被这样的话吓倒。正因为人们投入了税金，才要避免在问题患者身上浪费资源，要把全部精力投入到真正需要的患者身上。

通过 SBAR 解决纠纷的流程

S 情况（Situation）

患者 X 烂醉如泥，被救护车送到急诊。到医院后，患者开始闹事，殴打医生和护士。为防止 X 小便失禁，医生给他插了尿管，打了点滴让他休息，之后便让 X 回去了。几天后，患者怒气冲冲地投诉道："你们在我不知情的情况下擅自给我插尿管，我要告你们，你们做好心理准备。"

B 背景（Background）

X 已经多次出现喝得烂醉如泥、叫救护车到医院闹事的行为。被打的医生和护士虽然并无大碍，但都没有向警方报案。

A 分析假设（Assessment）

将该患者归入"恶意找碴儿的患者"一类，态度坚决地予以应对。医生和护士遭到殴打，反过来用这一事实与对方交涉，让患者意识到自己才是"加害者"。

(R) 解决方案（Recommendation）

与患者直接见面，要求对方就殴打女医生和护士一事道歉，并承诺不再以同样的方式骚扰医院。如果对方拒绝，明确告知对方："我们考虑对暴力行为进行起诉，已经咨询了警方。"

从实例中学习纠纷解决术 10

患者怒斥"医护人员无能"

医生在向患者家属说明病情时,若患者过度神经质,沟通工作将变得十分困难。面对神经质患者,医生们应对起来往往感到很棘手,耗费大量的时间,甚至产生强烈的徒劳之感。譬如,医生明明已经三番五次地强调过术后的全过程,可患者却一次又一次来抗议,声称自己"从没听医生说过",类似的案例屡屡发生。

神经质患者一旦接收到任何负面消息,身体和精神就会立即陷入极端不稳定状态,无法坦然接受自己身上发生的一切。这种状态下,对于医生说的话,他们根本听不进去,自然也不可能记住(根据我的经验,越是高智商的神经质患者,这种倾向越明显)。

基于这种情况,无论医生如何主张"当时我应该跟你说得很清楚了",患者也只会反驳"从来没有听说过",因为他们的脑海里确实没有任何印象。如此一来,双方只会各执一词,无休无止争论下去。对于医生而言,这类患者确实让人头疼。接下来的案例，可以说是其中的典型。

纠纷概要

把副作用带来的痛苦转嫁给医院的患者

"患者投诉说：'从没听说过会有这么大的副作用。你们医生也没有尽到说明的义务。你们这些医护人员，都是些没用的家伙！'该怎么办呢？"

打电话来的是 A 医院的 B 护士长，该医院是位于大阪府东北部的一家大型医院。

在这个案例中，患者口出恶言，辱骂"医护人员都是些没用的家伙"，那么就不能将其视为普通患者对待了。还有一点需要注意，那便是医院方面到底有没有过错。我一边思考，一边向 B 护士长详细了解情况。

患者 X，女，60 多岁。原本是高中英语老师，退休后开了一家英语补习班，主要以初高中生为对象授课。2 个月前开始来 A 医院就诊。之前患者曾多次抱怨过"等待时间太久"，医院便将其视为"需要格外留意的患者"。

X 患有乳腺癌，大约一个月前切除了两侧乳房，之后一直在进行抗激素治疗（内分泌疗法）。乳腺癌这种疾病，即使是早期，癌细胞也可能会扩散到其他部位，光靠手术是不够的，因此在征得本人同意后，医生在切除手术的基础上，又做了抗激素治疗。

关于抗激素治疗，医院曾向患者本人及其女儿做过说明，详细告知对方该疗法副作用相对较小，可有效维持 QOL（生存质量），通过术前术后持续用药，可以有效抑制复发，是乳腺癌的标准治疗方法之一，患者对此也表示理解。同时，对于可能出现的副作用（燥热、恶心呕吐、食欲不振等），医生也逐一作了说明。

然而，在开始进行抗激素治疗后，副作用带来的痛苦似乎超出了 X 的预期。因为精通英语，X 开始在网上查找抗激素治疗相关的国外医学论文，并逐渐产生了"医院对于这种疗法以及其副作用的说明非常不充分"的想法。

之后，X 就开始拿网上查到的信息去质问医护人员。一旦对方的回答稍有迟疑，X 就会自鸣得意，"你们连这个都不知道吗？""你们是不是蠢啊"。几个来回之后，X 便认定"给自己造成痛苦"的罪魁祸首就是"这帮无能的医护人员"。

此外，在交谈中，X 还会滔滔不绝地讲述自己任教时期的各种逸事和自吹自擂的故事。一面扬扬得意地炫耀自己的智商高，一面大放厥词，毫不客气地贬低医护人员，她甚至用笔敲

297

桌子，摆出了一副恐吓威胁的姿态。有些护士忍不住表示"很害怕X，不敢跟她说话"。

从电话里听到的内容来看，患者似乎是为了发泄副作用带来的痛苦，才会变得越来越具有攻击性。当患者身处"愤怒""抗拒"等消极情绪时，身为医务人员应该努力倾听患者的诉求。但在这个案例中，患者口出恶言，已经开始谩骂医护人员，此时若还是一味地想要去安抚患者，可能无法从根本上解决问题。

尾内解决术
转换为"以拒诊为前提"的应对模式

基于了解到的情况，我按照自己的想法提出了以下建议。

第一，医院方的应对策略应从"耐心倾听患者抱怨（应对一般患者的模式）"切换到"反击患者（危机管理）"模式。即便患者已经让医护人员身心俱疲，医疗机构也要继续忍耐，这种想法是错误的。任何事情都有限度，"应诊义务"也是如此。医疗机构也不必执着于必须尽到说明义务。当患者开始谩骂医护人员"你们连这个都不知道吗？""你们是不是蠢啊"，甚至恐吓工作人员时，就已经不再是普通患者了。医院方面并没有任何过错,所以我认为完全可以以拒诊为前提去处理。

第二,对于"医生对疗法和副作用说明不充分"的投诉,只要以病历上记载的术前说明记录为依据,强调"医院已经详细说明过了"即可。B护士长跟院长也商量了一下,决定采纳我的建议。

后来,A医院叫来了X和她的女儿,郑重地告知她们:"您的言行已经让医院的员工身心俱疲,若今后您还是坚持这样的态度,很遗憾我院将无法继续为您提供治疗。我们会为您介绍其他医院。"面对医院强硬的态度,母女二人显得有些不知所措。虽然一直在抱怨甚至漫骂,但真要让X离开一直就诊的医院转去别处,她似乎也相当不安,于是她小声地嘟哝了一句:"如果可以的话,我还是希望能在你们医院继续治疗。"之后X又来过两次医院。虽说还没有完全接受,但与之前相比,X的态度确实改善了不少。

纠纷的教训

"倾听"有时会适得其反

一般来说,要提高患者的满意度,"倾听"是很重要的手段。但面对这一类"投诉狂魔",耐心倾听反而会让对方蹬鼻子上脸,最终导致自己身心俱疲。要将"普通患者"和"应当反击的患者"加以区别,面对后者,可以拒诊为前提,采用"危机管理模式"。

通过 SBAR 解决纠纷的流程

S 情况（Situation）

患者原是英语教师，乳腺癌手术后，在医院接受抗激素治疗，抱怨医生对药物的副作用说明不充分。同时，还拿自己在网上搜索到的医学知识去质问医护人员，多次谩骂"医务人员都是些没用的家伙"。

B 背景（Background）

患者原本就是个爱抱怨的人。因药物副作用身体备受煎熬，为了发泄痛苦变得越来越有攻击性。同时，患者似乎还想炫耀自己的智商。

A 分析假设（Assessment）

据院长所说，医院方面已经进行了充分说明。患者谩骂医护人员的做法简直是不可理喻，应转换为"危机管理模式"。

R 解决方案（Recommendation）

以病历上的术前应对记录为依据，告知患者及家属医院已经对副作用做了充分说明。同时郑重告知患者，其言行已经让医务人员身心俱疲，严重影响了医院的正常运转，若患者一意孤行，医院无法继续提供诊疗。

第 4 章 | 另辟蹊径！投诉狂魔的应对之道

从实例中学习纠纷解决术 11

散布诽谤院长的邮件以发泄内心苦闷的患儿母亲

孩子生病时，我非常理解母亲担心孩子的心情。然而，担心一旦过头，难免会波及周围之人，给他们带来巨大的麻烦。其中最有可能遭受这种"池鱼之殃"的，大概率就是儿科的医护人员。

接下来要介绍的，是一起因患儿母亲投诉引发的纠纷案例。

⚡ 纠纷概要

因女儿被诊室的门夹到手而暴怒的母亲

"得知患儿的母亲给医师协会发了诽谤我的邮件时，我真的非常震惊。我再也不想见到那个孩子和她的母亲了。今后我该怎么办呢？"

打电话向我咨询的是 A 院长，她在老家的儿科及内科医院已经从业 20 年。与我是老相识了。A 院长从业经验丰富，情绪稳定，轻易不会动怒，可这一回，她却似乎异常地疲惫，忍不住向我吐露出"再也不想见到这个患者"等泄气的话。这位患儿的母亲究竟是何方神圣，竟然能让一位经验丰富的行家老手苦恼至此？我决定详细了解一番。

大约两周前，一位 30 来岁的母亲 X 带着 3 岁的女儿来找 A 院长看病。女儿有发热症状，在候诊室测量发现体温达到 39 摄氏度。就在 X 牵着女儿的手走进诊室准备就诊时，意外发生了。女儿突然开始放声大哭。原来在 X 关门时，女孩的手被拉门轻轻夹了一下。

见状，A 院长赶紧跑到女孩身边问道："哪里痛？"一边问一边检查女孩的手有没有受伤，确认并无大碍。于是，A 院长就对母亲 X 说："看上去没什么大碍。"话音刚落，X 就怒气冲冲地吼道："怎么就没大碍了？你不好好检查一下，怎么就能断定没有大碍？"接着又怒斥道："孩子之所以受伤，就是因为你们管理不善。我一定会让你们负责的。"X 甚至提出"这附近不是有一家大医院吗？我们要去那里看一下，你赶紧联系一下。"

被 X 咄咄逼人的气势所震慑，A 院长无奈之下只得妥协，照单全收了 X 的要求。按照 X 的指示联系了附近的 B 医院，告诉他们"X 马上会带着女儿过去就诊"，请他们帮忙安排。A 医院甚至还为 X 母女叫了出租车，A 院长也亲自跟她们道了歉，说"这次给你们添麻烦了。医院的诊疗费用由我们来承担。"

然而，X 到 B 医院检查女儿的手部情况后，竟提出了住院治疗的要求。"之前也因高烧住过几次医院。这次都烧到了 39 摄氏度，又在 A 医院受了伤。我不想再折腾孩子了。"B 医院大概也察觉到 A 院长跟 X 之间似乎发生了不愉快，为了避免火上浇油、引火烧身，就接受了 X 的要求，为女孩办了住院，4 天后便出院了。

A 院长根本没想到 X 的女儿会住院。但既然已经说了要承担治疗费用，自然不可能只承担手部的检查费用，而是一并承担了包含出租车费用在内的所有治疗费用。尽管有些不合情理，但 A 院长心想毕竟孩子在医院受了伤，出于道义多花点钱也能接受，能解决问题就好。

然而，麻烦并没有就此结束。

前几天，X 带着女儿再次来到 A 医院。孩子从几天前开始全身长湿疹，为了治疗才来的医院。A 院长就上次孩子受伤的事再次致歉，之后为她进行了诊疗，之后，X 母女便回去了，全程并没有任何异常。可是，就在当天晚上，地区医师协会网站的投诉窗口就收到了一封匿名投诉 A 院长的邮件，内容很长。虽是匿名，但一看内容便能明确知道发送人就是 X。

邮件详细描述了女儿在儿科医院受了伤、打车去医院、住院等细节，洋洋洒洒写了不少诽谤之语。例如女儿在 A 医院受了伤，A 院长却逃避责任、A 医院的设备陈旧容易致伤、A 院长缺乏判断能力等等。此外，还要求医师协会针对这件事表态。

A 院长也是地区医师协会的成员之一。这封邮件很快就被转发给了 A 院长。读完邮件，A 院长大受打击，于是就找了我这个老相识商量对策。

"X 的要求我都照做了，给她介绍了医院，也支付了住院费用。更让我震惊的是，她白天来就诊的时候我刚给她道了歉，究竟是为什么……我实在是受够了，再也不想见到 X 了，也不想再给她的女儿看病了。不过，X 的父母也是我们医院内科的病人。我要是拒绝为她女儿看病，那是不是也应该拒绝她的父母呢？X 要是再来我们医院，我该如何应对呢？"

第4章 | 另辟蹊径！投诉狂魔的应对之道

> 💡 **尾内解决术**

先发制人，要拿出"强硬的态度"

A 院长在儿科领域的从业经验确实丰富，但迄今为止，她几乎没有遇到过像 X 这般攻击性强的患者。这也算是一种幸运吧。因此，意外发生时，她才会被 X 的气势压制，渐渐失去了往日的从容，事情才会一味地倒向有利于 X 的方向。

本来，X 是自己牵着女儿的手进诊室的。女儿的手被夹，X 自己也有责任。我认为 A 院长完全没有道歉的必要。此外，A 院长看了女儿的手后认为没有问题，但 X 却完全不信任 A 院长的诊断，提出要去"附近的其他医院做检查"，这种做法本身就极为失礼。

不过，A 院长既然已经跟 X 道了歉，就必须在此基础上提供解决对策，再往前追溯也无济于事。重要的是接下来该怎么办。我按照自己的想法，给了 A 院长提出了以下建议。

首先，先发制人，给 X 寄一封双挂号信。内容如下：

"医师协会收到了一封指责我的匿名邮件，我想这应该是出自您之手。若今后您继续此种行为的话，我院将无法继续为您的女儿提供治疗。请选择其他医院就诊。以上就是我针对您的邮件的答复。"信件寄出后，可先观望对方的反应。针对这

307

种散布匿名邮件诽谤中伤医生的患儿母亲，不能以对待普通患者的"常规模式"应对，而应采取不惜以拒绝诊疗为前提的"危机管理模式"。我想，对于 A 院长表现出强硬的态度，X 大概率不会正面迎击。正因为如此，我才断定，对 X 表现出毅然决然的态度会更有效果。

据我推测，X 应该是在 A 院长白天道过歉之后，才向地区医师协会发送的诽谤邮件。或许因为 A 院长在她面前再度示弱了，反而再次点燃了 X 的攻击欲望。这种类型的人，总是喜欢揪着别人的一点小过失反复进行攻击，以此宣泄自己内心的不满和苦闷。一旦在他们面前表现出软弱的姿态，对方很有可能会蹬鼻子上脸，因此面对他们必须拿出强势、坚定的态度。

至于 X 的父母，据 A 院长说，她跟 X 的父母关系很好。既然如此，我倒认为 A 院长没有必要主动跟他们切断关系。当然，今后若他们听信了 X 的一面之词，双方的关系也有可能发生变化。不过，真到了那个时候，再考虑对策也不迟。

A 院长很快就执行了我的建议。

后来，X 带着女儿又来过一次医院。A 医院离 X 的家比较近，在附近的口碑也不错，她似乎想继续在 A 医院看病。诊疗期间，X 只字未提双挂号信的事。事实上，A 院长已经做好了打算,一旦 X 提及对双挂号信的任何不满,就果断拒诊。A 院长不再把 X 当作"普通患者",而是转变为"危机管理模式"来应对。

X 大概是担心,若真的被 A 医院拉进黑名单,不方便的反而是自己。虽然她没有流露出任何反省的言辞,但再次带女儿来看病时,她确实老实了不少。

纠纷的教训
同情对方是导致判断失误的原因

孩子体弱多病,想必这位患儿的母亲也不容易。精神上也因此变得不稳定,可能会通过反复攻击他人来发泄内心的苦闷和不满。从这一点来说,确实值得同情,但作为被发泄的对象,她的行为着实让人不堪忍受。在解决纠纷的过程中,这种同情是没有任何必要的。相反,只会助长她的威风,导致纠纷长时间得不到解决,甚至恶化升级。

医护人员中,心地善良者居多,故而更容易掉入同情的陷阱。在"危机管理应对"时,同情心是导致判断失误的原因,这一点请大家务必牢记。

通过 SBAR 解决纠纷的流程

S 情况（Situation）

母亲带着女儿就诊，被诊室的拉门夹了手。母亲勃然大怒，要求医院安排出租车送她们去其他医院治疗，医院答应并照做。几天后，母女二人再次来到医院，院长再次表示歉意。于是，当天晚上，地区医师协会就收到了诽谤院长的匿名邮件。

B 背景（Background）

很明显，邮件的发送人就是这位患儿的母亲。洋洋洒洒写了不少诽谤之语，例如女儿在医院受了伤、院长却逃避责任、医院的设备陈旧容易致伤、院长缺乏判断能力，等等。

A 分析假设（Assessment）

院长和医疗机构方面没有过错。女儿被夹到手，母亲也有责任。而且，质疑院长的诊断，要求介绍其他医院的行为本身也很失礼。应该转换为"危机管理模式"应对。

解决方案（Recommendation）

试着邮递了一封双挂号信给患儿的母亲，严词告知若继续"找麻烦"，医院今后将无法继续为患儿提供诊疗。院方摆出强硬的姿态后，患儿的母亲就此偃旗息鼓。

从实例中学习纠纷解决术 12

医生有义务取得患者家属百分之百的理解吗？

医生的解释工作没有做到位，是引发医患纠纷的一个重要原因。有时，尽管医生认为自己已经做了充分的解释，但病人却因专业术语太多，导致理解不到位，最后双方各执一词，引发纠纷，患者也由此对医生产生不信任。

在这种情况下，解决纠纷的基本原则是，医生尽可能地向患者解释，直到对方完全理解为止。但现实却往往不尽如人意。因为这一切都是建立在性善论的基础之上。而在现实中，总有这么一些人，无论医生如何诚恳细致地解释，也无法让对方理解。

纠纷概要

患者的儿子对院长颐指气使

"我们院有一位高龄患者，他的家属，也就是患者的儿子真是让人头疼。他是总是咄咄逼人，用命令的语气对我们大吼大叫。几天前，他就对我吼道'必须让我百分之百理解才行，这难道不是你们医生的义务吗'，之后又要求说'给我们介绍大学附属医院的医生'，我们也介绍了，可是冷静一想，这样真的合适吗？把这样的病人介绍过去，不是给他们添麻烦吗？可事到如今也不能取消了，到底该怎么办才好呢？"

打电话来的是大阪市内 A 整形外科诊所的 A 院长。若在以前，医生和教师都是很有威严的，很少有人会对他们如此傲慢无礼。但今时不同往日了。现如今，越来越多的患者开始形成错误认知，认为医疗行业也是服务业，自然也要奉行顾客至上的理念。

在我来看，对于那些人品欠缺，认为所有的行业或买卖"都是靠钱在运转，有钱能使鬼推磨"的客人，应该采取与之相称的态度应对。这个案例里出现的患者儿子，是否就属于这一类人呢？我决定详细了解情况。

大约两周前，X 来到 A 整形外科诊所，提出要医生为他母亲出诊。他母亲似乎腰不太好。之后，A 院长便向他询问了具体情况。

X 已经 50 多岁了。母亲 Y 原本在别的医院就诊，后因为不便就在网上搜索了家附近可以出诊的诊所，于是就找到了 A

整形外科诊所。从第一次见面开始，X说话就很不客气，A院长也因此对他留下了"性格粗鲁"的印象。

"您母亲现在是什么状态？"面对院长的询问，X的回答说"我怎么知道什么状态""就是因为不知道才找你们去看的啊"，不仅不得要领，还一副歇斯底里的样子。不仅如此，X还反复强调"你们赶紧来就是了"，语气十分强硬。面对X如此蛮横的态度，A院长本不愿搭理，但又担心一旦拒绝，X会惹出更大的骚动，就决定下午出诊。

X的家距离诊所只有5分钟车程。一进门，X就从印有B综合医院字样的信封里取出了病历、X光检查影像DVD，交给了A院长。看了病例发现，Y今年80岁，得的是"化脓性脊柱炎"，因细菌侵入脊椎导致化脓。据Y和X说，之前一直在B综合医院住院治疗。

A院长在问诊后，给Y做了身体检查。之后，又用自己的手提电脑播放了X光检查的视频，一边确认一边向X进行说明。X光的拍片日期是2个月前。时隔2个月，患者的状态有可能发生了变化。于是，A院长提出"希望你们能去一趟诊所，好好做个检查"，Y和X表示同意。

两天后，X用轮椅推着Y来到了诊所。A院长在问诊后，给Y做了血液检查，拍了X光。又过了两天，X来到诊所询问检查结果。一进诊室，X 就开始用命令的口吻对 A 院长说："前几天我不是把 B 综合医院的 DVD 给你了吗？你先说一下那里面的内容"。

对于这个要求，A 院长表示难以置信。因为在上次出诊时，他已经花了将近 1 个小时，向 X 详细说明过视频的内容。并且，为慎重起见，最后他还特意向 X 和 Y 确认过"还有什么不理解的地方吗"，他们均表示"没有不理解的"。

基于以上情况，再加上 A 院长对 X 这种命令口气感到不悦，于是就稍加反驳道："上次出诊时，我应该是花了将近 1 个小时详细说明过。"结果，X 闻言勃然大怒道："我说了没听懂。你得说清楚，直到我百分之百满意为止，这不是你们当医生的义务吗？"

并且，X 还继续大吼道："B 综合医院的〇〇〇（注：此处为医生的名字）也不跟我解释。你们医生怎么都是一个德行啊！""你根本靠不住。赶紧给我介绍 C 大学附属医院的医生！快把你们的病历也马上交出来！"

迫于 X 的气势，A 院长按照 X 的要求给他介绍了 C 大学附属医院的 D 医生。

"我这么做也是为了尽早摆脱 X。" A 院长回顾道。D 医生是 A 院长大学时期的后辈。但是，后来 A 院长忍不住担心，自己这种做法岂不是把问题患者往D医生身上推吗？再者，要是Y和X在C大学附属医院也待不下去，很有可能会再度回到A院长这里。考虑再三，A院长还是给我打了电话。

尾内解决术
无须对患者"有求必应"

大致听下来之后，我认为此类纠纷在患者家属中比较常见。一般来说，医生应该向患者及其家属详细说明病症及治疗相关情况。为了让对方更好地理解，应尽量避免使用专业术语，尽可能用简单易懂的语言，慢慢地、仔细地说明，这是教科书上写的应对方法。

但是，在这次的案例中，这种教科书式的应对方式恐怕什么也解决不了。试想X的真实目的究竟为何？他之所以要求医生做说明，恐怕不是为了了解母亲的病情或治疗情况，而是想通过对A院长发号施令、让其言听计从，来满足自己的自尊心。从X的言行来看，到A整形外科诊所就诊之前，他很可能对上一家B综合医院的服务态度相当不满，而A院长刚好不幸地成了他发泄不满的对象。

在此之前，A院长从未遇到过找麻烦的患者或者家属。如果用我的话说，就是对纠纷几乎没有免疫力。正因为如此，一旦碰到稍微强势的问题患者，就容易被其气势所压制，对其言听计从。于是，我按照自己的想法，给出了以下建议。

第一，对于"医生要尽说明义务，直到患者家属百分之百的理解"的主张，完全可以不予理睬。A院长已经做了充分的说明。

第二，在A院长没有任何过错的情况下，X用一副挑衅口吻，强词夺理，让A院长深受折磨。两人之间的信任关系已经崩溃。原本A院长并没有义务为其介绍C大学附属医院，但既然已经介绍了，应该立即给D医生打个电话，说明事情原委。

第三，万一X再次来到诊所，建议A院长坚定地予以拒绝，明确告知对方："鉴于你之前的态度，本诊所无法提供诊疗。"

我提出以上3点建议之后，A院长当即表示："我明白了。即便有个万一，我也做好了心里准备。"之后，A院长立刻给D医生打了电话，把事情的原委清清楚楚、明明白白地交代了，也获得了对方的理解。

后来，Y和X去了C大学附属医院就诊，但截至目前似乎并没有发生什么大的纠纷。听了这话，A院长总算松了一口气。

> 纠纷的教训

对待出格的患者，态度必须坚决

在我看来，诊疗应该由医生和患者共同完成。医生有必要竭尽全力为患者治疗，但这不是医生单方面的义务，只有在患者配合的前提下，才能完全实现。但现在越来越多的患者形成了一种错误认知，认为既然交了钱，医生和护士就应该听从自己的要求。或许可以称之为"自恋型患者综合征"。患者也有配合诊疗的义务。

遇到这样的患者，如果影响到其他患者的诊疗，或者给医护人员造成了极大的心理负担，就应该像本书多次强调的那样，态度坚决地拒绝对方说："本院无法继续提供诊疗。"

通过 SBAR 解决纠纷的流程

S 情况（Situation）

患者的儿子态度咄咄逼人，言语粗暴，对人颐指气使，认为"解释到患者家属百分之百满意为止是医生的义务"。院长按照患者儿子的要求介绍了其他医院，又担心给其他医院招惹了麻烦。

B 背景（Background）

患者原本在别的医院就诊。在网上搜到了这家离家很近的整形外科诊所。院长迫于无奈出诊，但自打第一次见面，患者儿子的态度就十分粗暴，院长心生不悦，感觉对方不可理喻。

A 分析假设（Assessment）

患者家属三番五次命令院长做解释，却不是为了深入了解病情或治疗方法，而是为了让院长对自己唯命是从，以此满足自己的自尊心。或许是对上一家医院心怀不满，把院长当成了发泄对象。

R 解决方案（Recommendation）

向大学附属医院的医生详细说明事情的原委。万一问题患者再次来到诊所，明确告知对方"鉴于你之前的态度，本诊所无法提供诊疗"即可。

从实例中学习纠纷解决术 13

把医生的话当成耳旁风的患儿母亲

这次的纠纷咨询电话是某医院儿科主任打来的。与其他科室不同,儿科的患者都是孩子,因此应对起来有一定的难度。尤其是患有严重疾病、痊愈希望渺茫的孩子,比大人想象的更敏感、更脆弱,精神状态也很不稳定。

难以应对的不仅仅是孩子。孩子的父母也会因担心孩子病情加重而变得神经过敏。他们就像一面镜子,反映出孩子内心的不安。我见过许多这样的例子,孩子的父母因为一点小事就勃然大怒,完全不听别人说的话,做出常人难以理解的言行,常让周围的不知所措。

我处理纠纷的基本方针很明确,对于那些我行我素、肆意妄为、给周围的人添麻烦,或者向医生提出无理要求的患者,医疗机构完全可以拒诊。但是,若引起纠纷的是患儿的父母,那又另当别论了。孩子是无辜的,不能因为父母的问题而拒绝为孩子提供诊疗。在考虑纠纷应对之策时,要谨记这一点。希望大家能从这个角度来审视接下来的案例。

> 纠 纷 概 要

"我比医生更了解病情"

"患儿的母亲对我说,'之前在别的地方看病时,我没带女儿一起,人家医生也给开了药。你为什么就不能开药呢',实在是让我很为难。到底该怎样应对才好呢?"

打电话来的是大阪府内 A 市立医院的儿科主任 B 医生。患儿今年 13 岁。3 年前开始在 A 市立医院儿科就诊。上一家医院初步诊断其为肾硬化症,可治疗没多久就因为跟主治医生发生了纠纷,后经个体医生介绍转至 A 市立医院。

一开始,负责接诊的是一位男医生,可患儿的母亲 X 似乎很不满意,要求医院换了一位女医生。但没过多久,这位女医生转去了其他医院,于是就由此次来电咨询的 B 医生接手。

患儿的母亲脾气暴躁易怒,B 医生跟她打交道时,总是一副如临大敌的样子。B 医生说:"如非必要,我都尽可能避免与她接触。"不久,患儿的尿检数值开始恶化,B 医生便建议患儿的母亲 X 让孩子住院治疗。可一旁的女儿闻言却哭闹起来,吵嚷着"我不想住院"。从那以后,孩子就再也没来过医院了。

患儿的母亲后来又来过医院两三次。每一次都是她自己过来，拿着女儿的尿液样本去做肾功能检查，然后再取药回去。这家医院原本实行的是预约制，可患儿的母亲从来不预约，都是突然造访。B医生迫于无奈只得接待X，给她开药，但由于次数太多，B医生就忍不住提醒道："今后不带患儿本人过来，我没法儿再给您开药了。"听了这话，X情绪激动地站了起来，说道："尿蛋白持续阳性，不用医生说我也知道得吃类固醇，你只要开方子就好了。之前的医生就很体贴，说'孩子不愿意过来就不要强迫她'。B医生你对患者怎么一点都不体贴呢？"

原来，患儿在上一家医院似乎也哭闹过，当时的主治医生对她说"那就把尿液样本带过来检查吧"。正是基于这个经验，X才认为只要带上女儿的尿液样本就可以了，本人来不来无关紧要。B医生曾试图说服过X，"肾硬化症没有那么简单，也有可能发展成重症。所以要密切观察"，但X对此油盐不进，固执地纠缠医生说"吃了药就好了，为什么不给我开药"。不知为何，X似乎认为只要持续服药就能药到病除。她甚至还说："我照顾女儿这么多年了。对于肾硬化症，我懂得比你多。你们医院就没有肾病专家吗？我很想去你们患者接待室问问。"

面对X的固执己见，B医生也无计可施。但若放任不管，

X有可能会耽误患儿的治疗。B医生考虑再三,还是决定给我打了电话咨询。

尾内解决术
无需浪费时间去说服患儿母亲

听了B医生的描述,我不禁感慨"有些当母亲的还真是让人头疼啊"。

X为何对B医生的劝告无动于衷,完全忽略"病情可能加重"的担忧,又为何如此固执地坚持"只要药到就能病除",实在是令人费解。尤其是那句"我比医生懂得多"的言论,更是让人大跌眼镜。我在前面提到过,孩子的父母就像一面镜子,会把孩子内心的不安映射出来,大人的情绪也会变得不稳定,X的固执、易怒等特征正是属于这种情况。或许是她内心深处对"药到就能病除"的渴望太过强烈,才会不自觉地说出这样的话吧。

在这种情况下,我认为最好不要去强行改变X的想法。最怕的就是为此浪费太多时间。把时间花在说服X上并不明智,况且从前期的情形来看,B医生就算磨破了嘴皮,X也只会当作耳旁风。在考虑对策时,最重要的是为患者创造成功接受治疗的条件。

从结论来说，应该采取的手段只有一个，尽快办理"转院"手续。

我把自己的想法告诉了 B 医生，他也表示"考虑到患者的情况，转院或许是更好的选择"，于是 B 医生立即跟 X、作为上司的诊疗部长以及医疗合作室商量，很快就确定了新的医院。

最后，B 医生真诚地对 X 说："给您带来了不愉快的就诊体验，我感到很抱歉。不过，更重要的是，您要和医生齐心协力，彻底治好您女儿的病。我还有最后一个请求，请您务必带着女儿一起去医院就诊。"

不知道 X 最终有没有听进去，但转院之后，听说她都是带着女儿一起去就诊的。

纠纷的教训

时常思考事情的优先级

听到医生宣告自己得了大病、或是要住院，孩子所受到的精神打击要远远高于大人，反应也会更敏感。因此，医生在言谈举止上更要格外留心。不过，在这次的案例中，最让人头疼的是患儿母亲的性格,导致应对起来十分棘手。

B医生或许觉得X比较难相处,所以采取的是"如非必要,尽可能避免跟她沟通"的态度,这种做法也有可能给患儿及其母亲留下"为人比较冷淡"的印象。关于这一点,医院方面或许也需要反思。

但X把医生的指导和意见视为"对自己的想法和行动的否定",始终带着愤怒、抵触的情绪,这种态度也是不可取的。或许是因为孩子生病、精神疲惫所致,又或者X原本就是这样的性格,原因究竟如何已无从得知。不过,不管怎么说,最重要的还是让患儿好好接受治疗。深陷纠纷的旋涡,错把大部分精力投入到患儿的母亲身上,可能就会忽略事情的本质,这一点尤其需要注意。

通过 SBAR 解决纠纷的流程

S 情况（Situation）

患者是一位 13 岁的女孩，患有肾硬化症。从医生建议住院开始，患者就再没来过医院，每次都是其母亲独自来医院，拿了药就回去了。但医生出于对病情加重的担心，表示"今后不带患者本人过来，将无法开药"，患者的母亲闻言勃然大怒。

B 背景（Background）

患儿的母亲对治疗肾硬化症颇有自信，对于医生的指导和建议，对方一概视为"对自己的想法和行动的否定"，始终带着愤怒、抵触的情绪。

A 分析假设（Assessment）

孩子生病时，他们的父母精神状态也不稳定，就像镜子映射孩子内心的不安。但最重要的还是孩子的治疗。不要浪费时间去改变一意孤行的母亲，要把医治孩子放在第一位。

R 解决方案（Recommendation）

尽快办理"转院"手续。和患儿的母亲商量的同时，也要向作为上司的诊疗部长以及医疗合作室沟通，确定新的医院。同时，真诚地请求患儿母亲，在新医院就诊时务必带上孩子。

第5章

提高应对纠纷的能力和免疫力

第 5 章｜提高应对纠纷的能力和免疫力

要掌握直面纠纷的现场力，除了之前多次提到的对"应诊义务"的深刻理解之外，还有另一个关键点。

那就是对"平等、公平地对待患者"这一原则的理解。

平等、公平地对待患者，乍一看似乎是理所当然的。但是，很多医务人员并没有意识到这一原则背后的强大力量。现在是最重视顾客满意度（CS）的时代，也是一个奉行患者至上主义的时代，被患者至上主义所束缚，面对反复提出不合理要求的难缠投诉者，不少医疗机构为了保全颜面，只能唯唯诺诺，对其百依百顺。

这就意味着，医疗机构只对特定的患者给予"特殊照顾"。而其他患者可能会认为"这家诊所（医院）只照顾那个患者""只对那个患者给予特殊照顾，实在是太奇怪了"。

在如今这个时代，任何一件小事都有可能通过社交网络向社会迅速扩散。但是，许多医疗机构都轻视了这方面的风险。对于不合理的主张或诉求，如果为了息事宁人就听之任之，就会动摇广大患者对医疗机构的信任。

那么，我们该怎么做呢？

对于强烈要求特殊照顾、提出不合理要求的患者，不妨直言"我们医院对每一位患者都是一视同仁的",并果断地拒绝对方。这一点至关重要。在拒绝对方不合理的要求时,"平等、公平地对待患者"这一原则能起到挡箭牌的作用。

值得推荐的是,我们可以在"医院的规章制度"中,加入这方面的内容(本院对每一位患者均一视同仁),并在院内公布。另外,在院内规定中,最好增加"在院内,请遵从院长或医护人员的指示""发现威胁、恐吓、暴力等行为,将立即报警""有意在本院诊疗的患者,请务必遵守以上规定"等条款。

如此一来,倘若对方提出不合理要求,就可以出示院内规定,以"不符合规定"为由直接拒绝。

从实例中学习纠纷解决术 1

掐灭纠纷导火索的"未雨绸缪之术"

接下来的案例可以说是个疑难杂症,费了九牛二虎之力才最终解决,但在此过程中,却凝聚了大量解决医患纠纷所必需的"精髓"。换言之,希望大家可以将此作为解决医患纠纷的应用案例,思考如果自己的医院发生了类似情况该如何应对,带着问题展开阅读。

那么,请大家来看具体案例。

纠纷概要

医院的医生说"打错针了"

"患者的父亲打电话到我们医院,说'我儿子在你们医院打错了针,头一直疼得厉害。市立医院的医生也说是打错了针。你们必须负起责任',我们该如何应对呢?"

给我打电话的是位于大阪市郊的 B 整形外科医院的 C 事

务长，她也是这家医院的院长夫人。接到投诉电话后，C应该是第一时间就给我打了电话，说话声音有些颤抖，内心显然十分忐忑。

听了C的描述，我却暗暗感慨："又是这种模式的纠纷啊。"患者原本就对先前的医生（前者）感到不满，之后又从其他医疗机构的医生（后者）那里听到一些针对前者的批判性言论，于是便将其奉为金科玉律一般，将内心的怨气一通发泄到前者身上。

从几年前开始，这种类型的医患纠纷就在持续增加（本书也已介绍过相关案例）。一想到患者对医疗的不信任竟然在这些方面也有所体现，我不禁有些黯然。不过，我还是马上回过神来，全神贯注地听C继续往下讲。

一旦患者提及医疗事故，院方必须格外谨慎，仔细了解诊疗的经过，针对医生是否有过失，有的话是否严重等问题，要有初步的判断。我决定先详细了解情况。

患者X，男，今年38岁，患有慢性腰痛。每年会来B整形外科医院几次，接受神经阻滞针注射治疗。实际上，X还有一位70岁的父亲Y，父子俩都在B整形外科看病。

X最近一次来医院大约是在一周前。X说腰疼得厉害，B院长就给他注射了神经阻滞针。打完针后，X在病床上休息了大约1个小时，确认没有任何异常后就回去了。但就在昨天，患者的父亲Y怒气冲冲地给医院打来电话，投诉说："你们到底对我儿子做了什么？在你们医院打完神经阻滞针后，回到家就头疼得厉害，连着几天都上不了班！"

另外，Y还提到"我们去市立医院看过了，医生说肯定是打错针了。你们必须对这个事情负责"！

说完，Y就挂断了电话。

原来，患者X离开B整形外科医院后，回到家就出现了头痛的症状，过了2天仍未好转，就去了附近的市立医院就诊。

看到这里，想必大家也都心里有数，对于"其他医院的医生说肯定是打错针了"等说辞，最好不要全盘接受。因为患者会朝着对自己有利的方向去曲解医生的意思，这样的案例比比皆是。因此，关于这一点，我认为有必要直接向市立医院的医生确认。

但在此之前，我还要向B院长确认一些情况，就请C将电话递给了B院长。

我："院长，您对自己的治疗有信心吗？"

院长："那是当然。不过，麻醉药的影响因人而异，偶尔也有患者会出现头疼的症状。这个患者之前已经打过三次神经阻滞针了，这是第一次出现投诉。"

我："听说在进行硬膜外注射时，如果针头不小心划伤硬膜，可能会导致患者出现头痛等症状。关于这一点您怎么看呢？"

院长："这一点现在很难确认。不过，我对自己的注射技术有绝对的自信。"

尾内解决术
与患者直接对话是关键

听了院长的这番话，我心里顿时有底了。于是决定按照常规投诉处理，而不是基于以赔偿为前提的医疗事故去制定应对策略。

在这个案例中，患者已经是38岁的成年人了，为什么打电话投诉的不是患者本人，而是70岁高龄的父亲？据我推测，原因有三，一是患者本人病情严重，二是患者尽管年岁不小却对父母依赖过度，三是父亲自己也是B整形外科的患者，主动替儿子打抱不平，要跟医院讨个说法。在听院长讲述事情经过时，我愈发觉得第三种原因的可能性极大。

倘若确是第三种原因，那么我们就要意识到，患者父亲的投诉其实掺杂了许多平日里对医院的不满，故而有些"言过其实"。这一判断是否正确，只要联系市立医院，询问接诊 X 的医生究竟说了什么，大致就能得出结论了。

我向院长提出了两点建议，一是联系市立医院，向接诊 X 的医生确认，问问他究竟说了什么。二是与 X 取得联系，直接见面沟通。

院长立即就联系了市立医院的医生。医生不解地回答道："我绝对没有说过 B 医生误诊之类的话。患者问我，打完硬膜外阻滞针后，在什么情况下会出现头痛，我就列举了几种常见的情况。没想到他居然会说出这样的话……"

如此一来，患者父亲言之凿凿的误诊，一下子就变得无凭无据了。接下来就只能与患者本人直接见面对话了。院长若诚心诚意地与患者直接沟通，耐心地说明情况，问题说不定一下子就解决了。

所谓诚心诚意，是指对患者注射后出现身体不适的状况表达歉意，同时承诺今后会提供力所能及的帮助。并出言安慰患者，例如"听说您在我们医院就诊后身体出现了不适，实在是非常抱歉。您一定非常难受吧。衷心希望您能早日恢复健康，我们也竭尽所能地提供帮助"等。另外，我还告诉院长，若患者接受医院的道歉，可以根据患者的病情，酌情提出承担患者在市立医院就诊的费用。

院长按照我的建议，迅速与患者 X 取得了联系，首先表达了歉意，之后双方约好见面沟通。患者当时好像已经回公司上班了。

当天，院长就与 X 及其父亲见了面，从 X 的脸上倒是看不出怒容。院长再次详细说明了诊疗的经过，并解释因麻醉的作用导致头痛的症状并不罕见，对方也表示理解。患者父亲的情绪也平静了不少，最后还对院长说："之前说话过分了，非常抱歉。今后也请您多多关照。"

X 虽然请了两天假，但整体状态比预想的还要精神。因此，院长最终只是赠送点心以表慰问，并没有提出要承担对方的治疗费用。

纠纷的教训

发现苗头要及时掐灭

接下来，针对本次案例的不同场景，我们可以整理出蕴含其中的"解决医患纠纷的精髓"。

▶ **自己的诊断结果与其他医院医生的看法不一致**

在这种情况下，首先要和其他医院的医生取得联系，确认其是否属实。若情况属实，就要确认为什么会得出这样的结论。尽管在多数情况下，患者会朝对自己有利的方向去曲解医生的诊断结果，但也不可一概而论，不排除诊断结果确实不一致的可能。此时，就需要耐心、详细地向患者说明自己得出这一诊断结果的依据。

▶非患者本人发起投诉

当其他人代替患者投诉时，很有可能会夸大其词、小题大做。若能直接与患者本人对话，很多问题会出乎意料地顺利解决。

▶犹豫是否要向患者道歉

如果确信自己的诊疗没有过错，就没必要为此道歉。不过，患者身体不适，饱受痛苦也是不争的事实。我认为可以就此向患者表达歉意。此外，为了消除患者的不安，可表示将竭尽全力为患者的后续治疗提供帮助。

除此之外，还有一点值得关注，那就是 X 的父亲 Y 的言行。Y 替 X 打电话到医院投诉，向院长发泄不满。鉴于 Y 也是 B 整形外科医院的患者，很可能 Y 本人平日里就对 B 医院或者 B 院长心怀不满。事情告一段落后，建议医院与 Y 进行沟通，可向对方提出"为了进一步提高服务质量，能听听您对本院诊疗和服务的意见吗"等问题。

以上就是医患纠纷解决术的应用篇。

解决纠纷的关键在于，准确预判、未雨绸缪，提前掐灭医患纠纷的苗头。这便是预防医患纠纷再次发生的铁则。

通过 SBAR 解决纠纷的流程

S 情况（Situation）

医院接到注射神经阻滞针患者的投诉。患者打完针后，头疼得厉害，无法上班，到其他医院就诊，却被医生告知"打错了针"。投诉人是患者的父亲。

B 背景（Background）

患者过去接受过 3 次神经阻滞针注射，这是第一次发生投诉。偶尔会有患者因麻醉药的影响出现头痛的症状。院长对自己的处理有绝对的自信。

A 分析假设（Assessment）

注射后患者身体不适是事实，医疗机构有必要"主动示好"。但无须承认误诊或支付赔偿金。另外，提出投诉的患者父亲可能一直对医院心存不满。

R 解决方案（Recommendation）

首先，向指出"打错了针"的其他医院的医生确认真实情况。其次,直接与患者见面,对其身体不适表达歉意,并说明治疗的经过,消除误解。同时,就提升服务品质向患者的父亲征求意见。

从实例中学习纠纷解决术 2

解决纠纷的拦路虎
——医生的"两大误区"

有时我不禁会想,为何医患纠纷愈发难以解决,原因究竟何在?

举例来说,是恶意找碴儿的患者越来越狡猾了吗?确实也有这方面的因素。他们会在不惊动警察、不触碰底线的安全范围内,不断地重复扰医行为,手法越来越高明。此外,一些疑似患有阿尔茨海默病、酒精依赖症、边缘性人格障碍等病症的患者引发的纠纷也日益增多,这类患者前往普通内科就诊时,往往会掀起轩然大波。对于经验尚浅的个体医生而言,一旦遇到这类患者,十有八九会不知所措吧。这里所列举的情况,可以说都是患者方面的原因。

反过来,我们其实也可以从医疗机构方面找到不少原因。接下来要介绍的,便是其中的一个典型案例。

对于患者方面的原因,医疗机构即便想要改变,往往也是有心无力。但若是医疗机构本身的原因，能否根除则取决于自身的努力。实际上，只要通过这方面的实践，就能大幅提升应对纠纷的能力。

⚡ 纠纷概要

不断找麻烦的酒精依赖症患者

"有一个酒精依赖症患者，我实在应付不了。每次来都是一身的酒气，一来就闹事，弄得其他患者都很害怕。我去找事务长和主治医生求助，他们却劝我'再忍一忍'，但如果放任不管，情况只会越来越糟糕……能告诉我该怎么办吗？"

打电话来的是在大阪市 A 医院医疗咨询室工作的 B 先生。听了 B 的描述，我心里大概猜到是哪种纠纷模式了，于是让 B 先生详细说明原委。

患者 X，男，50 多岁，住在大阪市内。手腕骨折后在 Y 医院住院做了手术，可术后恢复不佳，患处也有些化脓。X 有酒精依赖症，住院期间不能随便喝酒，于是他不顾医生反对，一意孤行出了院。出院后，X 开始在离家最近的 A 医院接受治疗。

患者 X 来就诊时，不仅酒气熏天，还常常大吵大闹，工作人员和护士的劝诫非但没能制止，反倒让他变本加厉，甚至变着法子肆意谩骂。最近，喝得烂醉如泥的 X 常常在夜里打电话到 A 医院，大声吼叫，说些莫名其妙的话。X 每隔两三天就会来一次医院，或许是长期酗酒的缘故，治疗效果始终不如人意。持续 3 周后，由于 X 持续不断的骚扰行为，护士和工作人员开始对此感到不安，甚至还有人流露出"想从这家医院辞职"的想法。

在医疗咨询室工作的 B 正是 A 医院处理医患纠纷的负责人，听到护士和工作人员反馈 X 的扰医行为后，B 便去找 X 的主治医生了解情况。结果，主治医生给出了这样的回答。

"患者有酒精依赖症，有什么办法呢？况且，无论是什么样的患者，医院都不能拒绝。再有几周他应该就痊愈了，能不能再忍一忍？"

B 无法接受主治医生的说法，于是就自己调查了 X 的情况。X 享有低保，一个人独居。家人住在邻县，X 之前一直与母亲、妹妹共同生活。几年前，X 搬了出来。听说 X 身上还背负着不少债务，妹妹作为连带保证人，正在帮他还债。此外还得知，为了治疗酒精依赖症，X 曾经辗转过不少精神科医院。B 一心想要阻止 X 的扰医行为，考虑再三后，给我打了电话。以上便是纠纷的大致情况。

> 尾内解决术

保护好员工，才能确保患者的健康

听了 B 的描述，我可以确定，患者 X 的行为固然令人深恶痛绝，但 A 医院的经营体制也存在着根深蒂固的问题。刚接到 B 打来的电话时，我就已经猜到大致是哪种纠纷模式了。之所以能猜到，是因为我发现 A 医院的主治医生也走进了医务工作者常有的两大"误区"。

误区之一是认为"医疗机构是为患者治病的地方。患者之所以找麻烦，应该是疾病所致，医生也好员工也罢，都只能忍耐"。误区之二是认为"医疗机构有应诊义务，对任何患者都不能拒诊"。

无论出于何种原因，患者恶意骚扰或暴力等行为都是不允许的。对于医务人员或其他患者备感不安的恶意行为，医疗机构倘若置之不理，那么不久的将来，必然会出现患者人数减少、医护人员稳定率下降等问题。事关重大，我不得不反复强调，医疗机构若连自己的员工都保护不了，又怎么可能保护得了患者呢？患者无理取闹，医疗机构却强迫员工忍受，真是荒唐至极。恰恰相反，医疗机构该做的是果断制止患者的扰医行为，坚决保护员工不受侵害。

为此，我给 B 提出了以下建议。若放任不断找麻烦的患者继续胡闹，今后类似的情况将会越来越多，其结果就是进入员工离职、医疗服务水平下降、医院经营恶化的恶性循环。鉴于患者的扰医行为已经持续了 3 周，恶性循环的苗头已经萌生，我认为当务之急是即刻向院长、事务长等医院管理层反映情况，强烈要求尽快采取改善措施。

关于误区之二的"应诊义务"，和多数医务人员一样，A 医院的主治医生和管理层也都有些"反应过度"。若患者病情危急，那自然另当别论，可像 X 这样"精力充沛"的患者，只要事先与保健所等相关机构充分沟通，或采取介绍其他医疗机构等措施，完全可以在 X 做出扰医行为后拒绝诊疗。因此，我给 B 的建议是，前往保健所说明情况并请求帮助。这样一来，即便被拒诊的患者或其家属向行政机构举报，多数情况下也不会出现大问题。

B 按照我的建议，立即采取了行动。首先，B 将我前面所说的话转述给了医院管理层，基本上得到了他们的认可。

与此同时，B 还去保健所反映了情况，寻求帮助。没想到，保健所的负责人不仅耐心地倾听，还帮忙安排了附近一家设备齐全的精神科医院接收 X。若只是自己一味地苦恼纠结，大概也不会如此幸运，得到贵人相助吧。在我看来，正是因为

B满怀热情，朝着正确的方向努力行动，才能如此迅速地找到了解决难题的关键。

负责人安排的精神科医院长年致力于酒精依赖症的治疗，向X建议时，对方略有抵触，不过最终还是同意转院接受治疗。听到这个消息，B终于长舒了一口气。

纠纷的教训
管理层务必要走出"两大误区"

通过这个案例，我想强调的是，前来医院就诊的患者大致可以分为两类。一类是"前来就诊的一般患者"，另一类是"无理取闹给医务人员及其他患者制造麻烦的患者"。面对这两类患者，其应对方式必须从根本上加以区别。对于后一类患者，我认为必须启用"危机管理模式"（大多站在性恶论的角度）来应对。

一味要求员工积极接待患者、以性善论去对待每一位患者，坚持这种做法的医疗机构很可能会沦为"投诉狂魔""怪物患者"的牺牲品。面对"无理取闹给医务人员及其他患者制造麻烦的患者"，我们必须"以其人之道还治其人之身"。

当然，要做到这一点，前提条件是医疗机构的管理层能够走出本次案例中出现的"两大误区"。

"患者生着病呢,无论他们做了什么我们都得忍受",时至今日,仍有不少医疗工作者将这种处理方式视为美德。要根除这种错误的思想,关键在于院长、理事长等医院的管理层。若要打造一个能够应对纠纷的强有力的组织,管理层首先要走出"两大误区",面对不同患者,区别使用性善和性恶论。

通过 SBAR 解决纠纷的流程

S 情况（Situation）

患者患有酒精依赖症，总是烂醉如泥，不断找医院麻烦。护士和员工深感不安，甚至有人为此产生"辞职不干了"的念头。可是，主治医生却主张静观其变，认为应该"再忍一忍"。

B 背景（Background）

患者是低保户，独居。为治疗酒精依赖症，多次辗转于精神科医院。患者曾与母亲、妹妹同住，几年前搬出。患者的妹妹作为连带保证人，也在帮其还债。

A 分析假设（Assessment）

对于反复找麻烦的患者，若置之不理，医疗机构将陷入员工离职、医疗服务水平下降、就诊患者人数减少、医院经营恶化的恶性循环。必须尽早切断循环。

R 解决方案（Recommendation）

将"拒诊"作为可选项，强烈要求院长、事务长等医院管理层拿出改善措施。若担心违反"应诊义务",可事先向保健所等机构备案,条件允许的话,可请他们一同为患者酒精依赖症的治疗出谋划策。

从实例中学习纠纷解决术 3

视障患者竟自己骑车就医？
如何给装病患者"开药方"

一提到医患纠纷，大多数人脑海里浮现的画面大概是患者来医院闹事，或是有针对性地攻击特定的医护人员。接下来要介绍的，是完全不同于以上类型，却同样让人头疼的问题患者——装病患者。

众所周知，在领取政府补助、保险金、赔偿金时，需要医生出具的诊断书作为依据。因此，为了让医生出具诊断书，不惜佯装生病，从而谋取不当利益的人便接二连三地出现。长期工作在医疗一线的医护人员，应该都遇到过这种装病的患者吧。

接下来要介绍的，是一起"为做视力残疾鉴定"而来院就诊的装病患者的案例。院长通过观察患者的行为，怀疑其可能是装病，为避免引发冲突，便没有当面挑明。虽说如此，医生也不可能在怀疑对方装病的情况下，给患者出具鉴定或诊断书。

那么，究竟该如何应对呢？

纠纷概要

"我想要一份证明视力残疾的诊断书"

"患者提出想要一份证明视力残疾的诊断书或鉴定，但我怎么看都觉得他是在装病。患者是一位50多岁的男性，体形高大，面相也有些凶恶。我要是当面指出他装病，后果恐怕不堪设想……到底该怎么办才好呢？"

打电话来的是在大阪市郊经营A眼科诊所的A院长。关于患者装病的案例，我之前也遇到过几次。与这次一样，患者的目的还是残疾人评定。倘若对方确实是在装病，我认为绝不能姑息放任。于是，我集中精神，继续向A院长了解情况。

患者X，今年年初因遭遇交通事故，曾在私立医院就诊。据他本人说，自此之后，视力就大不如前了。上一家医院便介绍他去大学附属医院就诊，患者在附属医院做了各种视力和视野相关的检查，均未发现任何异常。之后，附属医院告知对方"无法再做进一步的检查"，患者便让附属医院的医生开了介绍信，继而来到A诊所就诊。A诊所位于车站大楼的4楼，X

在妻子的陪同下坐电梯到了4楼，跟跟跄跄走到前台跟医生说："我想要一份证明视力残疾的诊断书或鉴定。"

大学附属医院的介绍信上写着，视力和视野检查的数据不佳，但眼底检查、眼压检查、眼球的超声波检查等均未见异常，脑部CT也未见异常。

要评定视力残疾，需要市里指定的医生出具的诊断书或鉴定。而A院长正是市里指定的医生。X应该是特地调查过市残疾人福利科指定的医生名单。

A院长看了介绍信，发现写介绍信的大学附属医院的医生也是指定医生。院长推测，X可能要求大学附属医院出具诊断书或鉴定，但医生并未同意。A院长并没有在交通事故发生后检查X的病情，且事故已经过去了相当长的时间，于是本想拒绝，但又担心可能会违反应诊义务，无奈之下只得给他看病。

X在妻子的陪同下进入诊室，一进门就用手到处摸索着，似乎在特地强调自己眼睛看不见。但仔细观察就会发现，X可以巧妙地避开放在地板上的箱子，院长让X坐在斜侧方的椅子上时，他也会用手把椅子摆正后再坐上去。视障患者一般视力较差，视野也很狭窄，X的动作着实让A院长觉得蹊跷。

检查结果显示，X的右眼视力0.1，左眼视力0.2，自动视野计测得的双眼视野都只有 5—10 度。测了两次都是同样的结果。不过，这两项都是问答式检查，即医生询问患者"这个能看见吗"，患者进行回答。相反，眼底检查、眼压检查、裂隙灯显微镜检查、超声波检查等均未发现异常。

院长告诉患者："写诊断书需要时间，而且我还要再看一下今天的检查结果，请您一周后再来。"闻言，X 又用手摸索着站了起来，伸手让妻子搀扶着走出了诊室，等候付款。

院长就是在这个时候给我打的电话。我当机立断，建议院长马上安排一名员工去 1 楼，找个隐蔽的地方，悄悄观察患者走出诊所后的一举一动。

X 的妻子在前台付了诊金后，便搀扶着 X 缓缓地走向电梯。

据埋伏在 1 楼的员工说，电梯到了 1 楼，门一开，X 就松开了妻子的手，快步走到了停放在门口的自行车旁，从口袋取出钥匙，熟练地打开了车锁。只见 X 骑上自行车，待绿灯一亮就飞快地冲了出去。他的妻子也骑着自行车跟在后面。员工如实向 A 院长报告了情况，说"完全看不出他视力有问题"。

顺便说一下，A 诊所位于十字路口的拐角处，附近车流量非常大。等到两辆自行车都消失不见了，员工才起身离开。

A 院长听了员工的汇报，确信 X 是在装病。目的可能是拿诊断书骗取残疾人补助金。但是，如果直接将事实当面挑明，对方可能会恼羞成怒。想到这一层，A院长有些不知所措，就给我打了电话。这就是事情的大致经过。

尾内解决术

采用"迂回战术"，将冲突控制在最小

从A院长的话来看，可以断定患者X是在装病。那么，该如何对待这位体形高大、面相可怕的患者呢？可以考虑以下两种解决方案。

其一，将诊所目前已掌握的装病事实当面挑明，决战到底。但这个方法难度很大，需要医生具备完全碾压对手的交涉能力。这个方法不是任何人都能驾驭的。对于A院长而言，难度较大。

其二，避免正面冲突，采用迂回战术。具体来说，首先明确拒绝对方，告知对方"从我们诊所的检查数据来看，无法确认视力下降或视野缩小的事实，非常抱歉，无法给您出具诊断书"。在此基础上，向患者建议："我们可以给您介绍配备最新检查设备的其他大学附属医院。那里不仅能做视力和视野的检查，还能进行视神经和大脑的相关检查。建议您去那里做更

进一步的检查。"

X没能在大学附属医院拿到诊断书，于是才转战难度相对较小的诊所。然而，他非但没有达到目的，反而再一次被推到别的大学附属医院，心理上应该会受到很大的打击。再者，检查费时也费钱。据我推测，像X这种类型的患者，可能会因此主动打消申请残疾补助金的念头。

同时，为以防万一，最好将此事的前因后果提前向市残疾人福利科报备。注意要客观地陈述事实："X来诊所就诊，要求出具证明视力残疾的诊断书或鉴定。但是我们检查了患者的视力和视野，从检查结果来看，无法判断是否属于视力残疾，因此建议患者到大医院做进一步的精密检查"。A院长担心患者会恶人先告状，说诊所"拒绝出具诊断书"，因此只要提前向市里报备就万无一失了。

不过，在报备时有一点需要格外注意，最好不要主观臆断"X可能是装病"。世上没有不透风的墙，这话可能会传到X的耳朵里，为慎重起见，切记务必客观陈述事实。A院长采纳了我的全部建议。

几天后，X以为能拿到诊断书，再次来到诊所。A院长却明确表示："非常抱歉，我们诊所无法出具诊断书。""为什么出不了，你说清楚"，面对X一脸愤怒的追问，A院长按照我的建议，十分客气地说明了缘由，最后 X 只得悻悻地离开了，再也没有出现过。自然，A 院长连大学附属医院的介绍信也不用写了。

纠纷的教训
任何应对策略都需要坚定的态度

不止医生，任何职业的从业人员都不能出具虚假证明，这是必须坚持的原则。问题是，如何应对提出无理要求的人？

接到医护人员的纠纷咨询时，我通常会根据对方"应对纠纷的能力"来思考对策。大多数医护人员都缺乏解决医患纠纷的经验，这次介绍的"迂回战术"，应该可供大家参考。

采取"迂回战术"，关键是要表明态度，不行就是不行。当然，无论采取何种解决方案，如若态度不坚定，就无法让对方接受。

不知道 X 后续还会采取怎样的行动，但经此一事，想必市残疾人福利科的负责人应该也察觉到"X 有可能是在装病"的事实。希望 X 能充分认识到"医生不是那么容易糊弄的"，从而彻底打消骗取补助金的念头。

通过 SBAR 解决纠纷的流程

S 情况（Situation）

患者提出"想要一份证明视力残疾的诊断书或鉴定"，但对方的检查结果并无异常，医生观察其言行后，怀疑患者是在装病，让患者一周后再来。

B 背景（Background）

患者带着大学附属医院的介绍信前来就诊。写介绍信的医生也是政府指定的医生，X 或因遭到其拒绝才转战诊所。院长担心贸然拒绝会违反应诊义务，无奈之下给患者进行了诊断。

A 分析假设（Assessment）

从院长的话来看，患者装病的可能性极高。为了拿到确凿的证据，只能趁患者放松警惕（疏忽大意）时观察患者的举动。

R 解决方案（Recommendation）

安排诊所的工作人员事先埋伏在诊所大楼的 1 楼，观察患者出门时的样子，拿到其装病的确凿证据。但不要当面挑明，表示"检查结果不能证明视力下降和视野变小的事实，无法出具诊断书"，明确拒绝对方即可。

从实例中学习纠纷解决术 4

消除医生和护士对待问题患者的态度差异

我几乎每天都在跟各式各样的医患纠纷打交道，有时会连续遇到好几起相同的纠纷案例。不久前，我就连续接到了这样一类纠纷咨询，患者蛮不讲理，所作所为明显违反规定，但医疗机构却态度犹豫，拖拖拉拉，始终没有采取拒诊或强制出院等措施。

在每一个案例中，医疗机构都曾多次商讨采取拒诊或强制出院等措施，但直到最后，院长等经营干部（医生一方）都迟迟下不了决心。

在我看来，这些医患纠纷的结构十分相似，在如何看待问题患者以及如何应对等问题上，医生一方和护士一方的看法大相径庭。护士平时就是问题患者的攻击对象，可能的话自然是希望拒诊。可医生却认为"我们如果不收的话，这个患者可能就无处可去了"，大谈"医者仁心"，多数情况下倾向于袒护问题患者。

这类纠纷案例的棘手之处在于,一旦稍有不慎,就会导致医生和护士之间生出嫌隙。因为一个问题患者,就有可能影响整个医疗机构的运营。

本节基于以下案例,探讨此类纠纷的应对之法。

纠纷概要

擅自外宿、蛮不讲理、肆意妄为的住院患者

"关于我们医院一个名叫 X 的住院患者的事,想向您咨询。现在情况真是一团糟。这个患者因为慢性肾功能不全,每周需要做 3 次透析,但他却经常无故外出,擅自外宿,饮食方面也毫无忌口,把医生和护士的话全当耳旁风。最可怜的是我们的护士。每次送餐,患者都恶言相向,说什么'难吃死了,让人想吐'。好几次我还看到年轻护士被患者大骂'蠢货、笨蛋',委屈得直哭呢。我和护士长都想设法解决问题,但医生们总是说'再忍一忍吧''再想想办法'之类的话,不肯为我们撑腰。虽说家丑不可外扬,但我实在无法放任不管,到底该怎么办才好呢?"打电话来的是大阪市内 A 医院的 B 事务长。B 事务长夹在护士和医生之间左右为难,一筹莫展。

第5章 | 提高应对纠纷的能力和免疫力

面对这样的案例，我的建议通常只有一个。如果医疗机构的应对方式有问题，那自然另当别论，可若医疗机构不存在问题，患者却像 B 事务长所说的那样百般刁难，那便没必要将其视为一般患者了。针对问题患者，自有另一套应对之法。先给予警告，若对方屡教不改，那就只能强制转院了。

话说回来，引起如此大骚动的患者 X 究竟是何方神圣呢？我向 B 事务长详细了解了情况。患者 X，男，今年 63 岁。长年患糖尿病，几年前开始出现慢性肾功能不全的症状，在 A 医院接受透析治疗，每周 3 次。5 年间住院 32 次，反反复复。职业不明。手臂及背上有刺青。

刚开始住院时，患者以"要去考试"为由，经常周末溜出病房，直到周日晚上才回来。之后就肆无忌惮起来，动不动就瞒着医务人员，擅自外宿。在病房里，X 常常用手机大声接打电话，护士提醒劝告时，对方却怒喝"闭嘴！蠢货！"。住院期间，X 还对医院饭菜的口味、菜单等百般挑剔，护士忙得顾不上他时，他就会破口大骂："这里的护士全是笨蛋！"有时，他还会故意露出手臂上的刺青，吓唬护士说"你的态度和说话方式让我很不爽。重新说一遍"。听说 X 的恶言恶行严重影响了护士们的身心健康，有人甚至提出想要停职一段时间。

听了B事务长的描述,我感到十分震惊。是可忍孰不可忍。医院有过错的话自然另当别论,可从B事务长的话来看,X的不满纯属刻意找碴儿。无视医院规定,肆意妄为,甚至恐吓威胁护士,简直是岂有此理。如果医疗机构一直对这样的患者放任不管,势必会打压护士的士气,降低医疗服务水平,这才是关键所在。

"对于这样的问题患者,你们医院为何次次都要收治呢?"我忍不住问了B事务长这个问题。他解释道:"针对X的问题,我们院内也讨论过很多次,事实上,主治医生也警告过X好几次,让他遵守医院的规定。可是,X却丝毫没有反省的迹象,态度也没有任何改变。之后,我们院就没再采取过更强硬的手段了,一直拖到了现在……"

细问之下,我还得知,在对待X的态度上,医生和护士之间存在较大差异。就护士一方而言,因为长期遭受X恶言恶行的折磨,自然认为"不该收治这样的病人",但主治医生和院长等医院的干部却不赞成,认为"X的态度确实有问题,但因此采取强硬手段逼对方出院的做法也有不妥"。关于X的问题,尽管医院内部开会讨论过多次,但每一次采纳的都是医生们的意见。

也许A医院的干部们认为,对X采取拒诊或强制出院等强硬措施，会违反"应诊义务"。然而，护士中已经有人提出了暂时停职，再继续做无意义的法律探讨并没有什么实际作用。作为医疗机构的经营者，有义务确保医疗从业人员在安全、安心的环境中工作。此时更应该铭记，作为医疗机构，只有保护好员工，才能保护好患者。

尾内解决术

坚决表明"医院的决心"

X 显然看穿了 A 医院软弱怕事的态度。虽然不清楚患者手臂和背上的刺青代表什么，但他应该很喜欢这种抓住对方弱点进行恐吓威胁的把戏吧。"就算被主治医生警告了，医院也没有采取更强硬的手段。可见他们并没有这个胆量"，正因为看穿了医院的这种态度，X 才愈发地有恃无恐。

医院显然被患者赤裸裸地蔑视了。若不能展露自己"该出手时就出手"的决心和胆量，就不可能撼动 X 这类问题患者。在某种意义上，这跟打架是一个道理。若被对手蔑视了，那么事实上已经不战而败了。

基于这些考虑，我向 B 事务长提出了以下建议。

第一，建议 B 事务长参考"从实例中学习纠纷解决术 20"

一节中介绍的方法，制定"治疗方针和院内规章制度等的说明文件（兼保证书）"，请X签字。同时告诉X，今后若是违反了其中任意一条，医院会立即要求他出院。当然，如果X拒绝签字，同样要求他出院。

为了展示医院的"决心"，可把X叫到会议室，在院长、副院长、诊疗部长、护士长、事务长等医院全体干部面前，举行这个"签字仪式"。若X扬言说"你们这可是拒诊，我要投诉你们"，也要冷静地回答："您要怎么做是您的自由，我们不会阻止您。"倘若最终要强制X出院，可在向其介绍其他医院的同时，主动向管辖医院的行政机构事先说明情况。

第二，向警方求助。虽说这个案例的可能性不大，但在要求患者签署保证书，对方可能会翻脸，继而诉诸暴力。因此，在向警察说明事情的原委后，万一出现突发状况，请他们尽快赶到现场。

第三，在医院内张贴告示，写明"本院原则上谢绝为反社会人士及刺青者提供住院治疗"。这也是为了向X表明医院的"决心"。通过B事务长，医院的干部们听取了我的建议，开始深刻反省此前对X表现出的懦弱态度，并原原本本地执行了我的建议。X虽然满脸的不乐意，但最终还是在保证书上签了字。自此以后，X的蛮横言辞有所减少（遗憾的是并未完全消除），无故外宿的情况也没再发生。据 B 事务长说，X 的言行举止近来颇有改善。不仅如此，通过这次纠纷，医生和护士之间的隔阂也彻底消除，工作氛围也变得愉快了许多。

纠纷的教训

对问题患者的软弱姿态会打击士气

X 的恶言恶行拖垮了护士，医院干部对此却态度懦弱，如此一来，怎能不令护士寒心，心生疑虑？如果放任不管，事态很可能会愈演愈烈，最终导致医生和护士之间的关系持续恶化，组织整体也有分崩离析之虞。

这次最大的收获，应该是通过解决 X 的问题，消除了医生和护士之间的对立，加深了双方的关系。只有感受到"自己有强大的组织做后盾"，护士们才能全心全意地投身医疗一线，在严苛的环境下努力工作。作为医疗机构，唯有保护好员工，才能保护好患者。这个案例让人再次深刻地认识到了这个道理。

通过 SBAR 解决纠纷的流程

S 情况（Situation）

住院患者擅自外宿，辱骂医务人员，肆意妄为。负责看护的护士身心健康受到严重影响，甚至提出停职。护士们想要改变这种局面，医生们却认为"对方是病人，再忍一忍"，事态持续恶化，问题却始终得不到解决。

B 背景（Background）

问题患者 X 为男性，63 岁。长年患糖尿病，几年前开始出现慢性肾功能不全的症状，在 A 医院接受透析治疗，每周 3 次。5 年间住院 32 次，反反复复。职业不明。手臂及背上有刺青，经常以此恐吓威胁医务人员。

A 分析假设（Assessment）

X 的恶言恶行影响了员工的身心健康，医院不可坐视不管，应立即转换成危机管理模式。

ⓡ 解决方案（Recommendation）

制定"治疗方针和院内规章制度等的说明文件（兼承诺书）"，请 X 签字。同时明确告知 X，今后若是违反了其中任意一条，医院会立即要求他出院。当然，若 X 拒绝签字，同样要求对方出院。为慎重起见，可事先找警察求助。

从实例中学习纠纷解决术 5

投诉"医生强迫我做内窥镜检查"的患者

在医疗机构实施的检查中,有很多检查是患者不愿意做的。患者排斥的原因主要有两个。一个是高昂的检查费用,另一个是像胃镜、肠镜等比较痛苦的检查。这些检查如果非做不可,大部分患者也都能接受,但如果患者不能充分理解检查的必要性,内心不愿意接受,就可能引发意想不到的麻烦。

纠纷概要

是患者冥顽不灵,还是医生有问题?

大阪府 A 医院的事务长向我咨询了这样一起纠纷案例。

引起纠纷的患者名叫 X 女士,今年 80 多岁,在 A 医院初诊至今已有 10 年之久。X 一般在整形外科和神经外科接受治疗,因上周出现了侧腹部疼痛和贫血症状,便前往内科就诊,由 B 医生进行诊疗。B 医生通过问诊和触诊，怀疑是消化系统疾病，于是建议 X 说："做一下腹部 CT 和胃镜检查怎么样？"

据 B 医生说，建议做检查时，X 似乎不太情愿。然而，在 B 医生的劝说下，X 当天还是接受了腹部 CT 检查，并在离开医院前预约了胃镜检查。

第二天，A 医院接到了 X 打来的投诉电话。负责处理投诉的正是事务长。具体内容如下。

"我明明没要求做检查，医生却非要让我做胃镜。前天的腹部 CT，我本来也不想做，但 B 医生强行推荐，所以我没能拒绝。侧腹部以前也疼过，当时说是肋间神经痛。我跟 B 医生也说了'这次应该还是肋间神经痛吧'，但他完全听不进去。B 医生根本不听我说话，无论说什么都被他轻易否定，我精神上都快崩溃了。我也不想知道检查结果，希望你们能把检查费用退给我。"

接到投诉的事务长立即就此事询问了 B 医生。B 医生解释道：

"我确实说过'以防万一，还是做个胃镜检查一下吧'。因为患者一直犹豫不决，我就耐心地跟她说可以先预约，后面就算取消也没关系。不知道为什么会引起对方的不满。"

了解了情况之后，事务长认为只要取消胃镜检查，再向 X

解释 B 医生并没有强行要求检查的意思，并表示歉意，问题就能顺利解决了。

然而，第二天腹部 CT 检查结果显示，X 疑似患有胃癌，这就意味着患者必须做胃镜检查。因为 X 说过"不想知道检查结果"，事务长为此烦恼不已，不知该怎样向 X 传达这一事实，再三考虑之后，给我打了咨询电话。这就是纠纷的概要。

尾内解决术

趁患者家属在家时直接上门

听事务长讲述事情的经过时，有几处令我感到十分困惑。首先是患者 X 生气的原因。究竟是因为 X 固执地认为自己得了肋间神经痛，以致与 B 医生沟通不畅，还是因为 B 医生与患者的沟通方式有问题？我感觉应该是后者，于是向事务长询问了 X 在整形外科和神经外科就诊时的态度。事务长回答说："一直没有发生纠纷，都很正常。"这让我更加怀疑问题出在 B 医生身上。

据我猜测，X 过去或许做过胃镜检查，有过非常痛苦的经历，因此希望能够尽量避免做内窥镜一类的检查，但 B 医生却不顾 X 的意愿，一味地自顾自说。所以当 B 医生建议做胃镜检查时，X 却表现得极不情愿。B 医生认为，"如果患者不愿意，还可以取消，给患者选择权就行了"，但这种想法是大错特错的。

这种让患者自行判断的沟通方式，在部分患者看来是极其不负责任的，也会给患者一种没有必要检查的错觉。正因为如此，才会让患者怀疑"医生让自己做了不必要的检查"。即使工作再忙，B 医生也应该花时间郑重地向患者 X 说明检查的必要性。

实际上，腹部 CT 的结果显示 X 疑似患有癌症，可见要求患者做胃镜检查的判断本身并没有错。这里需要注意的是，即使医生做出了正确的判断，如果与患者的沟通不充分，还是会产生纠纷。基于以上情况，我给出了以下建议。

首先，如何将腹部 CT 的检查结果告知"不想听检查结果"的患者 X？考虑到此前的情况，我认为与其直接告诉 X，不如与其长子取得联系，既然二人住在一起，间接告知对方更为稳妥，但 A 医院并没有 X 长子的紧急联系方式。"在医院判断患者病情紧急且有必要的情况下，可以未经患者本人同意将病情告知患者家属"，针对这一点，医疗机构应该事先征得患者本人的同意，询问患者家属的紧急联系方式，这是治疗高龄患者的必备常识。

幸运的是，X 就住在 A 医院附近。因此，我建议事务长，

373

可以趁 X 的长子在家时，上门告知对方检查结果。

首先向患者表达歉意："B 医生建议做检查的初衷是好的，但他的做法有些强人所难，给您带来了不愉快，实在是十分抱歉。"然后将检查结果冷静地告知对方。如果让 X 了解其可能患有癌症的事实，那么 B 医生提出做胃镜检查的建议也更容易让人接受。

另外，如果去 X 家上门拜访，却依然无法与 X 或其长子顺利沟通，可以通过与患者建立起信任关系的 A 医院整形外科的医生告知结果。

在我给出以上建议后，A 医院立即采取了行动。几天后，事务长在晚上 7 点前往 X 家拜访，与 X 及其长子进行了沟通。事务长首先向 X 表达了歉意，X 立即惶恐地说："我自己也说得有些过分了。"当事务长告知对方腹部 CT 结果，显示疑似胃癌并需要进行胃镜检查时，她低下了头说道："医生说的果然是对的。今后还请多多关照。"

纠纷的教训

即使判断正确也会发生纠纷

这次的教训可以总结为"即使判断正确也会发生纠纷"。

要想防患于未然，除了"判断的正确性"之外，"患者的接受度"同样不可或缺。弄清楚双方沟通是否充分看似简单，实则很难。通常，医生会一边询问患者"有什么不明白的地方吗""有任何不放心的地方，都可以告诉我"，一边观察对方的反应，从而确认对方的接受度。但要提高"透过表情看穿想法"的能力，需要大量的经验积累。

为了避免获得患者认可的过程沦为按部就班的流程，就要看着患者的眼睛，灵活地提出以上问题，这是获得"患者认可"的基本动作。

通过 SBAR 解决纠纷的流程

S 情况（Situation）

医生建议患者做腹部 CT 和胃镜检查，患者勉强同意了，但在做完腹部 CT 检查后，患者却抱怨说"医生强迫我做不必要的检查"。但是，CT 检查的结果显示，患者疑似患有癌症，必须接受胃镜检查，医院不知该如何告知患者。

B 背景（Background）

接诊的医生很有可能不顾患者的意愿，自顾自说。在此过程中，医生似乎认为"如果不愿意的话可以取消，给患者选择权就行了"。

A 分析假设（Assessment）

让患者自行判断的沟通方式，可能会给患者留下"没有必要做检查"的印象。医生应该花时间仔细说明检查的必要性。

R 解决方案（Recommendation）

趁患者及其长子在家时上门拜访，就医生强硬地要求检查、对胃镜检查的必要性说明不充分等问题向患者道歉，并告知对方检查结果和胃镜检查的必要性。

从实例中学习纠纷解决术 6

与盛怒之下的纠纷对象进行心理博弈

医疗机构是面向所有人开放的。正因为如此，我们无法确定会在什么时间遇到什么样的患者。有时，也会遇到一些让人大跌眼镜的患者。举例来说，表现出"自以为是，任性妄为，一旦被拒绝，立刻恼羞成怒"等特征的患者便是其中之一。

最后要介绍的纠纷案例正属于这种类型。患者及其母亲极其缺乏常识，院长实在疲于应对。

纠纷概要

"刷不了现金卡是你们医院的问题！"

"患者母亲打来电话说，'我要以损害名誉为由起诉你们'，我非常担心……"

打电话来的是大阪府内 A 皮肤科医院的 A 院长。A 院长偶尔会上电视或广播节目，在当地算是个名人。或许正是因为知名度较高，他们医院总是"人满为患"。我常说"越是人多的医院，越容易发生纠纷"。患者一多，医院应对起来难免力不从心，不知不觉间就会埋下纠纷的隐患。这个案例大抵便是如此。我决定先向院长详细了解情况。

就在给我打电话咨询的前一天，一位20出头的女患者出现在A皮肤科医院。患者一到前台就小声问道："我想在你们这里看病，可以刷现金卡吧？"这个问题有点出人意料，负责接待的工作人员略感为难地回答道：

"现……现金卡吗？本院不能刷现金卡或是信用卡。劳驾您回家或是去附近的便利店取一下现金。"

听完工作人员的答复，这名女患者一脸不快地离开了。20分钟后，患者的母亲就怒气冲冲地打来了电话。"我女儿从你们那儿哭着回来的。你们可真会羞辱人啊。你们必须负责！我要告你们损坏名誉"，患者的母亲对着A院长破口大骂，持续了整整20多分钟。

患者的母亲主张如下：

· 女儿曾遭遇过抢劫，自那以后就没让她带现金出门了。医院没有导入现金卡（借记卡）或信用卡结算，是医院的问题。我们又没说不付钱。

·负责接待的工作人员好像看不起我女儿似的，取笑她，让她去取钱，而且还故意让其他患者听到。简直不可原谅！

·你们这是拒诊行为。

·我要告你们损坏名誉。

患者的母亲情绪激动，一遍又一遍地强调自己的主张。A院长认为医院的应对并无不妥，内心深处并不想道歉。但为了应对患者母亲的这通电话，A院长不得不停下手头的接诊工作。结果，排队的患者越来越多，现场陷入一片混乱。

为了尽快收拾混乱局面，A院长迫于无奈只好跟患者的母亲致歉："在其他患者面前，对您女儿说了不合适的话，真的很抱歉。以后我们一定注意。"总算暂时应付过去了，对方挂了电话。

但由于患者的母亲情绪十分激动，A院长担心对方今后可能真的会起诉医院，或再次跑来医院抗议，束手无策之下，忧心忡忡地给我打了电话。

尾内解决术

不怕当被告，坚决应对

世界之大，无奇不有。我常常感叹，人还真是千奇百怪。A 院长的应对方式大体上是正确的，虽然内心很不情愿，但还是向对方道了歉，纠纷应该不至于继续发酵。从这个意义上来说，这起纠纷，在给我打电话的那一刻起就已经结束了。

万一患者的母亲今后再来抗议，只能反复向她解释医院的规定，任何一个患者提出要用现金卡、信用卡支付，工作人员给出的都是同样的回答。此外，还要告诉对方，今后医院将更加注意员工的言行，开展相关的培训，再三强调医院会平等地对待每一位患者。

若对方仍不肯让步，继续扬言要告医院，那也只能正面予以回应："很遗憾没能得到您的谅解。您如果要起诉医院，我们也没办法阻止。"根据我的经验，这种程度的投诉一般不会上升到诉讼。

纠纷的教训
要有勇气对患者叫停

刚刚之所以说 A 院长的应对方式"大体上"正确，是因为我对此有些"不同的看法"。简单来说，就是患者的母亲是在 A 院长接诊期间打来的电话，而 A 院长居然花了 20 多分钟与她周旋。

比较理想的应对方式是，大致听完对方的主张后，说明自己"正忙着接诊，等结束了会给您回电话"，然后挂掉电话即可。因为在接电话的过程中，A 院长眼见着患者越来越多，内心只会越来越焦虑，压力也会越来越大。纠纷的交涉，在某种意义上就是一种心理战。人一旦在心理上被逼入绝境，就无法冷静地做出判断。

在这次的案例中，虽然 A 院长通过道歉的方式顺利化解了纠纷，但并不能排除另一种可能，那便是 A 院长急于收拾现场的混乱局面，情急之下自己主动提出支付赔偿金或是做出一些出格的承诺。因此，先暂停谈话，从心理上摆脱不利状况，待诊疗结束后再打电话过去，才是正确的应对方法。

让自己脱离不利环境，是与对方进行心理博弈的关键举措。尤其是像这次的案例一样，当对方在盛怒之中时，可留出一段时间打断节奏,让对方稍微冷静,从盛怒的状态中逐渐脱离。

当然,在对方怒气冲冲地不停抱怨时,突然提出要挂断电话,确实需要勇气。但请各位铭记,这一点点勇气往往就是我们快速解决纠纷的关键所在。

通过 SBAR 解决纠纷的流程

S 情况（Situation）

患者在医院窗口询问能否用现金卡支付诊金，工作人员答复"可以回去取现金或是在附近便利店的 ATM 取钱"，患者一脸不快地离开了。之后，患者的母亲怒气冲冲打来电话，投诉医院拒诊。

B 背景（Background）

患者曾遭遇过抢劫，之后母亲便不让她带现金出门。母亲之所以动怒，是觉得医院羞辱了女儿，并拒绝提供诊疗。

A 分析假设（Assessment）

院长在电话里已经向患者的母亲致歉，纠纷实质上已经解决。若患者的母亲真如其在电话中所说，要告院长"损坏名誉"，可不予理会。患者的母亲应该只是嘴上说说，大概率不会采取实际行动。

ⓡ 解决方案（Recommendation）

若患者母亲今后再表示抗议，医院应坚决表明"一视同仁"的态度，告知对方医院有医院的规定，任何一个患者提出要用现金卡或信用卡支付，都是同样的回答。

后　记

前作《服务的细节021：医患纠纷解决术》出版时，我其实并无把握能够引起多大的反响。但也许是顺应了时代的潮流，本书作为医疗类相关书籍，竟然异常火爆，前后进行了7次印刷（日文版）。中文版曾加印5次（截至2024年5月）。在此特向喜爱和支持本书的各位读者表示感谢。

在撰写上一本书时，我重点关注以下五点。

（1）明确医患纠纷与其他服务行业纠纷的区别；

（2）加深对"应诊义务问题"的理解；

（3）针对持续增加的行为不可预知型患者，采取相应的措施；

（4）结合大量实例，进行模拟体验；

（5）展开纠纷复杂化、高度化分析，提出应对方法。

不过，由于是第一次执笔写书，且篇幅有限，因此无法涵盖所有的内容。尤其是第5点的"展开纠纷复杂化、高度化分析，提出应对方法"，在上一本书中几乎没有涉及，留作接下来亟须解决的课题。

为了完成这个课题，我决定撰写本书。

本书所介绍的医患纠纷分析及应对方法，是我在受理了数千件纠纷案例后总结整理出来的。各位读起来或许感觉有些粗陋，但就如何应对高度复杂化的医患纠纷而言，我相信本书还是很有借鉴意义的。

另外，关于第 2 点的"应诊义务"，和前作一样，是本书重点着墨的内容，目的是帮助医务工作者摆脱"应诊义务的束缚"。为慎重起见，简而言之，就是医疗机构虽然努力尝试构建与患者之间的信任关系，但如果患者的扰医行为破坏了双方的信任关系，不妨通过介绍患者转院等方式，在一定条件下拒绝提供诊疗。被患者牵着鼻子走、导致医疗机构身心俱疲的案例，我已是屡见不鲜，但我想强调的是，对于这些造成危害的患者，医疗机构完全没有必要忍气吞声。关于第 3 点的"行为不可预知型患者"，与前作相比，本书也增加了更多的实例。其中还包括兴奋剂或非法草药成瘾的患者，希望广大医务工作者能够进一步加强风险管理。

为了顺利出版本书，我从 2012 年至 2016 年，一直在《日经医疗保健 OnLine》上连载解决医患纠纷的各类案例，并以此为基础撰写了本书。考虑到纠纷当事人的感受，我进行了一

后记

定程度的改编，但书中所列举的都是实际发生的案例。经历了数千件医患纠纷案例的咨询后，尽管类似的纠纷已然司空见惯，但直到现在，我依然能遇到前所未闻的全新案例，这让我深切地感受到，人的所作所为当真是千奇百怪。人们常说，现实往往比小说更离奇，希望通过本书的真实案例，能让读者产生在虚构故事中无法体会到的身临其境之感。

作为本书的结语，我想向包括医生、护士在内的广大医务工作者发起呼吁，请务必牢记"解决医患纠纷的三大原则"。

一、光靠善良无法守护医疗事业；

二、缺乏处理纠纷的能力，就无法守护今后的医疗事业；

三、保护好投身医疗一线的人，才能保护好患者。

最后，我想向所属的大阪府医保医师协会高本英司理事长、其他理事会成员、一直鼓励支持我的事务局同事们表示诚挚的谢意。此外，还要向从《日经医疗保健》连载之初就负责指导我，并担任本书编辑的日经BP出版社的冲本健二先生表示感谢。

另外，和前作一样，谨以此书献给已故女儿（次女）阿绿和我的家人。

尾内康彦

关于"服务的细节丛书"介绍：

东方出版社从 2012 年开始关注餐饮、零售、酒店业等服务行业的升级转型，为此从日本陆续引进了一套"服务的细节"丛书，是东方出版社"双百工程"出版战略之一，专门为中国服务业产业升级、转型提供思想武器。

所谓"双百工程"，是指东方出版社计划用 5 年时间，陆续从日本引进并出版在制造行业独领风骚、服务业有口皆碑的系列书籍各 100 种，以服务中国的经济转型升级。我们命名为"精益制造"和"服务的细节"两大系列。

我们的出版愿景："通过东方出版社'双百工程'的陆续出版，哪怕我们学到日本经验的一半，中国产业实力都会大大增强！"

到目前为止"服务的细节"系列已经出版 135 本，涵盖零售业、餐饮业、酒店业、医疗服务业、服装业等。

更多酒店业书籍请扫二维码

了解餐饮业书籍请扫二维码

了解零售业书籍请扫二维码

"服务的细节" 系列

书　名	ISBN	定　价
服务的细节：卖得好的陈列	978-7-5060-4248-2	26元
服务的细节：为何顾客会在店里生气	978-7-5060-4249-9	26元
服务的细节：完全餐饮店	978-7-5060-4270-3	32元
服务的细节：完全商品陈列115例	978-7-5060-4302-1	30元
服务的细节：让顾客爱上店铺1——东急手创馆	978-7-5060-4408-0	29元
服务的细节：如何让顾客的不满产生利润	978-7-5060-4620-6	29元
服务的细节：新川服务圣经	978-7-5060-4613-8	23元
服务的细节：让顾客爱上店铺2——三宅一生	978-7-5060-4888-0	28元
服务的细节009：摸过顾客的脚，才能卖对鞋	978-7-5060-6494-1	22元
服务的细节010：繁荣店的问卷调查术	978-7-5060-6580-1	26元
服务的细节011：菜鸟餐饮店30天繁荣记	978-7-5060-6593-1	28元
服务的细节012：最勾引顾客的招牌	978-7-5060-6592-4	36元
服务的细节013：会切西红柿，就能做餐饮	978-7-5060-6812-3	28元
服务的细节014：制造型零售业——7-ELEVEn的服务升级	978-7-5060-6995-3	38元
服务的细节015：店铺防盗	978-7-5060-7148-2	28元
服务的细节016：中小企业自媒体集客术	978-7-5060-7207-6	36元
服务的细节017：敢挑选顾客的店铺才能赚钱	978-7-5060-7213-7	32元
服务的细节018：餐饮店投诉应对术	978-7-5060-7530-5	28元
服务的细节019：大数据时代的社区小店	978-7-5060-7734-7	28元
服务的细节020：线下体验店	978-7-5060-7751-4	32元
服务的细节021：医患纠纷解决术	978-7-5060-7757-6	38元
服务的细节022：迪士尼店长心法	978-7-5060-7818-4	28元
服务的细节023：女装经营圣经	978-7-5060-7996-9	36元
服务的细节024：医师接诊艺术	978-7-5060-8156-6	36元
服务的细节025：超人气餐饮店促销大全	978-7-5060-8221-1	46.8元

书 名	ISBN	定价
服务的细节026：服务的初心	978-7-5060-8219-8	39.8元
服务的细节027：最强导购成交术	978-7-5060-8220-4	36元
服务的细节028：帝国酒店 恰到好处的服务	978-7-5060-8228-0	33元
服务的细节029：餐饮店长如何带队伍	978-7-5060-8239-6	36元
服务的细节030：漫画餐饮店经营	978-7-5060-8401-7	36元
服务的细节031：店铺服务体验师报告	978-7-5060-8393-5	38元
服务的细节032：餐饮店超低风险运营策略	978-7-5060-8372-0	42元
服务的细节033：零售现场力	978-7-5060-8502-1	38元
服务的细节034：别人家的店为什么卖得好	978-7-5060-8669-1	38元
服务的细节035：顶级销售员做单训练	978-7-5060-8889-3	38元
服务的细节036：店长手绘 POP引流术	978-7-5060-8888-6	39.8元
服务的细节037：不懂大数据，怎么做餐饮？	978-7-5060-9026-1	38元
服务的细节038：零售店长就该这么干	978-7-5060-9049-0	38元
服务的细节039：生鲜超市工作手册蔬果篇	978-7-5060-9050-6	38元
服务的细节040：生鲜超市工作手册肉禽篇	978-7-5060-9051-3	38元
服务的细节041：生鲜超市工作手册水产篇	978-7-5060-9054-4	38元
服务的细节042：生鲜超市工作手册日配篇	978-7-5060-9052-0	38元
服务的细节043：生鲜超市工作手册之副食调料篇	978-7-5060-9056-8	48元
服务的细节044：生鲜超市工作手册之POP篇	978-7-5060-9055-1	38元
服务的细节045：日本新干线7分钟清扫奇迹	978-7-5060-9149-7	39.8元
服务的细节046：像顾客一样思考	978-7-5060-9223-4	38元
服务的细节047：好服务是设计出来的	978-7-5060-9222-7	38元
服务的细节048：让头回客成为回头客	978-7-5060-9221-0	38元
服务的细节049：餐饮连锁这样做	978-7-5060-9224-1	39元
服务的细节050：养老院长的12堂管理辅导课	978-7-5060-9241-8	39.8元
服务的细节051：大数据时代的医疗革命	978-7-5060-9242-5	38元
服务的细节052：如何战胜竞争店	978-7-5060-9243-2	38元
服务的细节053：这样打造一流卖场	978-7-5060-9336-1	38元
服务的细节054：店长促销烦恼急救箱	978-7-5060-9335-4	38元

书　名	ISBN	定　价
服务的细节055：餐饮店爆品打造与集客法则	978-7-5060-9512-9	58元
服务的细节056：赚钱美发店的经营学问	978-7-5060-9506-8	52元
服务的细节057：新零售全渠道战略	978-7-5060-9527-3	48元
服务的细节058：良医有道：成为好医生的100个指路牌	978-7-5060-9565-5	58元
服务的细节059：口腔诊所经营88法则	978-7-5060-9837-3	45元
服务的细节060：来自2万名店长的餐饮投诉应对术	978-7-5060-9455-9	48元
服务的细节061：超市经营数据分析、管理指南	978-7-5060-9990-5	60元
服务的细节062：超市管理者现场工作指南	978-7-5207-0002-3	60元
服务的细节063：超市投诉现场应对指南	978-7-5060-9991-2	60元
服务的细节064：超市现场陈列与展示指南	978-7-5207-0474-8	60元
服务的细节065：向日本超市店长学习合法经营之道	978-7-5207-0596-7	78元
服务的细节066：让食品网店销售额增加10倍的技巧	978-7-5207-0283-6	68元
服务的细节067：让顾客不请自来！卖场打造84法则	978-7-5207-0279-9	68元
服务的细节068：有趣就畅销！商品陈列99法则	978-7-5207-0293-5	68元
服务的细节069：成为区域旺店第一步——竞争店调查	978-7-5207-0278-2	68元
服务的细节070：餐饮店如何打造获利菜单	978-7-5207-0284-3	68元
服务的细节071：日本家具家居零售巨头NITORI的成功五原则	978-7-5207-0294-2	58元
服务的细节072：咖啡店卖的并不是咖啡	978-7-5207-0475-5	68元
服务的细节073：革新餐饮业态：胡椒厨房创始人的突破之道	978-7-5060-8898-5	58元
服务的细节074：餐饮店简单改换门面，就能增加新顾客	978-7-5207-0492-2	68元
服务的细节075：让POP会讲故事，商品就能卖得好	978-7-5060-8980-7	68元

书　名	ISBN	定　价
服务的细节076：经营自有品牌	978-7-5207-0591-2	78元
服务的细节077：卖场数据化经营	978-7-5207-0593-6	58元
服务的细节078：超市店长工作术	978-7-5207-0592-9	58元
服务的细节079：习惯购买的力量	978-7-5207-0684-1	68元
服务的细节080：7-ELEVEn的订货力	978-7-5207-0683-4	58元
服务的细节081：与零售巨头亚马逊共生	978-7-5207-0682-7	58元
服务的细节082：下一代零售连锁的7个经营思路	978-7-5207-0681-0	68元
服务的细节083：唤起感动	978-7-5207-0680-3	58元
服务的细节084：7-ELEVEn物流秘籍	978-7-5207-0894-4	68元
服务的细节085：价格坚挺，精品超市的经营秘诀	978-7-5207-0895-1	58元
服务的细节086：超市转型：做顾客的饮食生活规划师	978-7-5207-0896-8	68元
服务的细节087：连锁店商品开发	978-7-5207-1062-6	68元
服务的细节088：顾客爱吃才畅销	978-7-5207-1057-2	58元
服务的细节089：便利店差异化经营——罗森	978-7-5207-1163-0	68元
服务的细节090：餐饮营销1：创造回头客的35个开关	978-7-5207-1259-0	68元
服务的细节091：餐饮营销2：让顾客口口相传的35个开关	978-7-5207-1260-6	68元
服务的细节092：餐饮营销3：让顾客感动的小餐饮店"纪念日营销"	978-7-5207-1261-3	68元
服务的细节093：餐饮营销4：打造顾客支持型餐饮店7步骤	978-7-5207-1262-0	68元
服务的细节094：餐饮营销5：让餐饮店坐满女顾客的色彩营销	978-7-5207-1263-7	68元
服务的细节095：餐饮创业实战1：来，开家小小餐饮店	978-7-5207-0127-3	68元
服务的细节096：餐饮创业实战2：小投资、低风险开店开业教科书	978-7-5207-0164-8	88元

书　名	ISBN	定　价
服务的细节097：餐饮创业实战3：人气旺店是这样做成的！	978-7-5207-0126-6	68元
服务的细节098：餐饮创业实战4：三个菜品就能打造一家旺店	978-7-5207-0165-5	68元
服务的细节099：餐饮创业实战5：做好"外卖"更赚钱	978-7-5207-0166-2	68元
服务的细节100：餐饮创业实战6：喜气的店客常来，快乐的人福必至	978-7-5207-0167-9	68元
服务的细节101：丽思卡尔顿酒店的不传之秘：超越服务的瞬间	978-7-5207-1543-0	58元
服务的细节102：丽思卡尔顿酒店的不传之秘：纽带诞生的瞬间	978-7-5207-1545-4	58元
服务的细节103：丽思卡尔顿酒店的不传之秘：抓住人心的服务实践手册	978-7-5207-1546-1	58元
服务的细节104：廉价王：我的"唐吉诃德"人生	978-7-5207-1704-5	68元
服务的细节105：7-ELEVEn一号店:生意兴隆的秘密	978-7-5207-1705-2	58元
服务的细节106：餐饮连锁如何快速扩张	978-7-5207-1870-7	58元
服务的细节107：不倒闭的餐饮店	978-7-5207-1868-4	58元
服务的细节108：不可战胜的夫妻店	978-7-5207-1869-1	68元
服务的细节109：餐饮旺店就是这样"设计"出来的	978-7-5207-2126-4	68元
服务的细节110：优秀餐饮店长的11堂必修课	978-7-5207-2369-5	58元
服务的细节111：超市新常识1：有效的营销创新	978-7-5207-1841-7	58元
服务的细节112：超市的蓝海战略：创造良性赢利模式	978-7-5207-1842-4	58元
服务的细节113：超市未来生存之道：为顾客提供新价值	978-7-5207-1843-1	58元
服务的细节114：超市新常识2：激发顾客共鸣	978-7-5207-1844-8	58元
服务的细节115：如何规划超市未来	978-7-5207-1840-0	68元

书　名	ISBN	定价
服务的细节116：会聊天就是生产力：丽思卡尔顿的"说话课"	978-7-5207-2690-0	58元
服务的细节117：有信赖才有价值：丽思卡尔顿的"信赖课"	978-7-5207-2691-7	58元
服务的细节118：一切只与烤肉有关	978-7-5207-2838-6	48元
服务的细节119：店铺因顾客而存在	978-7-5207-2839-3	58元
服务的细节120：餐饮开店做好4件事就够	978-7-5207-2840-9	58元
服务的细节121：永旺的人事原则	978-7-5207-3013-6	59.80元
服务的细节122：自动创造价值的流程	978-7-5207-3022-8	59.80元
服务的细节123：物流改善推进法	978-7-5207-2805-8	68元
服务的细节124：顾客主义：唐吉诃德的零售设计	978-7-5207-3400-4	59.80元
服务的细节125：零售工程改造老化店铺	978-7-5207-3401-1	59.90元
服务的细节126："笨服务员"解决术1：服务的分寸感	978-7-5207-3559-9	58.00元
服务的细节127："笨服务员"解决术2：培养有"眼力见"的员工	978-7-5207-3560-5	58.00元
服务的细节128："笨服务员"解决术3：服务礼仪，就这样做、这么想	978-7-5207-3561-2	58.00元
服务的细节129："笨服务员"解决术4：治愈顾客情绪	978-7-5207-3562-9	58.00元
服务的细节130："笨服务员"解决术5：捕捉顾客的真实想法	978-7-5207-3563-6	58.00元
服务的细节131：我是厨师，我想开自己的店	978-7-5207-3569-8	59.80元
服务的细节132：餐饮店"零成本策略"：不花一分钱的揽客妙招	978-7-5207-2125-7	59.80元

图字：01-2021-1397 号

ZOKU KANJA TROUBLE O KAIKETSU SURU GIJUTSU written by Yasuhiko Onouchi
Copyright © 2018 by Yasuhiko Onouchi.
All rights reserved.
Originally published in Japan by Nikkei Business Publications, Inc.
Simplified Chinese translation rights arranged with Nikkei Business Publications, Inc. through Hanhe International (HK) Co., Ltd.

图书在版编目（CIP）数据

新医患纠纷解决术／（日）尾内康彦 著；王蕾 译．
北京：东方出版社，2024.8. -- （服务的细节）
ISBN 978-7-5207-3998-6
Ⅰ.D9313.51
中国国家版本馆 CIP 数据核字第 2024TG9010 号

服务的细节 133：新医患纠纷解决术
（FUWU DE XIJIE 133：XIN YIHUAN JIUFEN JIEJUESHU）

作 者：	[日] 尾内康彦
译 者：	王 蕾
责任编辑：	高琛倩
出 版：	东方出版社
发 行：	人民东方出版传媒有限公司
地 址：	北京市东城区朝阳门内大街 166 号
邮 编：	100010
印 刷：	鸿博昊天科技有限公司
版 次：	2024 年 8 月第 1 版
印 次：	2024 年 8 月第 1 次印刷
开 本：	880 毫米×1230 毫米　1/32
印 张：	12.875
字 数：	223 千字
书 号：	ISBN 978-7-5207-3998-6
定 价：	68.00 元

发行电话：(010) 85924663　85924644　85924641

版权所有，违者必究
如有印装质量问题，我社负责调换，请拨打电话：(010) 85924602　85924603